Florian Hubert

Recht als Sprachspiel

Florian Hubert

Recht als Sprachspiel

Das Völkerrecht und die Implikationen von Normkontestation durch die Annexion der Krim

Mit einem Vorwort von Gunther Hellmann

Tectum Verlag

Florian Hubert
Recht als Sprachspiel. Das Völkerrecht und die Implikationen von Normkontestation durch die Annexion der Krim

ISBN 978-3-8288-4486-5
eBook 978-3-8288-7519-7

Printed in Germany

Informationen zum Verlagsprogramm finden Sie unter
www.tectum-verlag.de

Bibliografische Informationen der Deutschen Nationalbibliothek
Die Deutsche Nationalbibliothek verzeichnet diese Publikation in der Deutschen Nationalbibliografie; detaillierte bibliografische Angaben sind im Internet über http://dnb.ddb.de abrufbar.

Wenn ich der Regel folge, wähle ich nicht. Ich folge der Regel *blind*.

(Wittgenstein, PU: §219)

„Um eine Praxis festzulegen, genügen nicht Regeln, sondern man braucht auch Beispiele. Unsre Regeln lassen Hintertüren offen, und die Praxis muss für sich selbst sprechen. Wir lernen die Praxis des empirischen Urteilens nicht, indem wir Regeln lernen; es werden uns Urteile beigebracht und ihr Zusammenhang mit andern Urteilen. Ein Ganzes von Urteilen wird uns plausibel gemacht."

(Wittgenstein, ÜG: §§139, 140)

„Hier stoßen wir auf eine merkwürdige und charakteristische Erscheinung in philosophischen Untersuchungen: Die Schwierigkeit – könnte ich sagen – ist nicht, die Lösung zu finden, sondern, etwas als die Lösung anzuerkennen, was aussieht als wäre es erst die Vorstufe zu ihr. ‚Wir haben schon alles gesagt. – Nicht etwas, was daraus folgt, sondern eben *das* ist die Lösung!'"

(Wittgenstein, Z: §314)

INHALTSVERZEICHNIS

Vorwort von Gunther Hellmann

Die vorliegende Studie von Florian Hubert, ursprünglich als Master-Abschlussarbeit am Fachbereich Gesellschaftswissenschaften der Goethe Universität Frankfurt eingereicht, knüpft an aktuelle Debatten der Normenforschung an und entwickelt im Anschluss an Ludwig Wittgenstein und die pragmatistische Sozialtheorie einen eigenständigen Zugriff auf Fragen der Implikationen normkontestierenden Handelns. Am konkreten Beispiel der Annexion der Krim wird gezeigt, wie Kontestationsforschung in einer rekonstruktiven Forschungslogik und gestützt durch die Methodologie der Grounded Theory alternativ betrieben werden kann. Dabei wird ein originelles Verständnis von ‚Normen' entwickelt, das diese im Anschluss an Wittgenstein als Sprachspiele begreift.

Angesichts der Intensität, mit der die Ukrainekrise und die Annexion der Krim die Weltpolitik erschüttert haben, stellt sich nicht nur die Frage nach sicherheitspolitischen Implikationen für Europa und die globale Konkurrenz der Großmächte, sondern auch, welche Folgen diese Interventionen für das Völkerrecht selbst haben: In welchen Zusammenhängen werden Normen wie jene der ‚Souveränität' oder der ‚territorialen Integrität' von Völkerrechtssubjekten *eingeklagt* oder *bestritten*, im Sinne Wittgenstein'scher Sprachphilosophie also ‚gebraucht' und damit eben auch beständig *fortgeschrieben*? Mit diesem Fokus unternimmt die Arbeit den Versuch, ‚das große Bild' der Implikationen des ‚Sprachspiels der Souveränität' im Zuge der Annexion der Krim im Zusammenhang zu rekonstruieren. In der nötigen Differenziertheit kann so die kontinuierliche (Re-) Produktion zentraler Normen des Völkerrechts in ihrer Praxis und im Zusammenhang ihrer politischen und rechtlichen Kontexte aufgezeigt werden. Leser*innen gewinnen einen auf eine Vielzahl von Verweisen (z.B. Protokolle des UN-Sicherheitsrats) gestützten Einblick, welche Rolle jeweils *zeitgenössisch* artikulierte Interpretationen des Völkerrechts einnehmen oder welche neuen Lesarten oder auch Kontinuitäten im Verständnis der ‚Schutzverantwortung' möglich sind – einer Norm, der Staaten wie Russland oder China bislang ausschließlich ablehnend gegenüberstanden.

Florian Hubert leistet damit zugleich einen innovativen Beitrag zur derzeit intensivierten Debatte um eine angemessene Theoretisierung ‚inter–nationaler' politischer ‚Praxis' jenseits dominanter Formen subsumptionslogischer IB-Forschung. Diese tragen nicht nur immer schon ein aus einer externen Beobachterperspektive generiertes, vermeintliches ‚Wissen' über einen dingähnlichen *Gehalt* von Normen an die

Forschung heran, sondern unterstellen oft auch irreführenderweise eine kausale Abfolge von Normaktualisierung als *Ursache* für ein nachgängiges Handeln. Hubert kontrastiert seinen Zugriff dabei sowohl zur Normenforschung im ‚Mainstream' der IB, wie auch zu in ähnlicher Weise subsumptionslogisch verfahrenden Ansätzen des sogenannten *practice turn*, die zwar hier und da ebenfalls auf ein *‚in use*'-Vokabular über Normen und ‚Praxis' rekurrieren, dabei zumeist aber auf den ‚Gebrauch' *von* Normen verweisen und damit genau jene zeitliche Abfolge insinuieren, die Wittgenstein genauso wie Pragmatisten wie John Dewey, Richard Rorty oder Robert Brandom als irreführend verwerfen. Regelbefolgung beschreibt nämlich kein kausales Verhältnis, sondern eine Praxis *im Hier und Jetzt* (‚Wenn ich einer Regel folge, wähle ich nicht. Ich folge der Regel *blind*' wie Ludwig Wittgenstein in den Philosophischen Untersuchungen festhält (§219)).

Kurzum, mit seiner Master-Arbeit leistet Florian Hubert damit auf einem Qualifikationsniveau *unterhalb* der Promotion einen genauso originellen wie wichtigen Beitrag für die Verknüpfung der Normenforschung mit der Sprachphilosophie Wittgensteins. Dass in diesem Zusammenhang Parallelen zu den Arbeiten von Friedrich Kratochwil einfallen, der diese Verknüpfung am eindrücklichsten in seinen beiden neueren Büchern ‚The Status of Law in World Society' (2014) und ‚Praxis. On Acting and Knowing' (2018) herausgearbeitet hat, unterstreicht die herausragende Qualität der vorliegenden Arbeit. Mit diesem Zugriff werden zudem falsche Dualismen wie sie in Teilen der *practices*-Forschung gepflegt werden (etwa: routinisierte ‚Praktiken' *versus* kreative ‚Praxis') umgangen. Gerade an der Schnittstelle zwischen IB-Normenforschung und Völkerrechtswissenschaft, die sich aufgrund spezifischer disziplinärer Denk- und Argumentationsweisen oftmals wechselseitig mit Unverständnis begegnen, eröffnen sich damit Chancen eines offeneren transdisziplinären Dialogs. Nur wenige Master-Arbeiten liefern vergleichbare Impulse für die breitere wissenschaftliche Forschung wie dies hier der Arbeit von Florian Hubert attestiert werden kann.

Frankfurt am Main, Mai 2020

1. Einleitung[1]

Die Internationalen Beziehungen sehen sich in jüngerer Zeit neuen Tendenzen gegenübergestellt, die unter den Begriffen Norm Decay, Regression oder Backlash diskutiert werden (Deitelhoff/Zimmermann 2019; Wiener 2014; McKeown 2009). Im Zentrum der darüber geführten Debatte steht die Irritation, dass internationale Akteure zunehmend als internalisiert geglaubte Normen wieder in Frage stellen, kritisieren oder kontestieren und das daraus resultierende Forschungsinteresse, welche Implikationen ein solches Handeln für internationale Normen und das Völkerrecht nach sich zieht. Unklar erscheint hier, wie Normen grundsätzlich verstanden werden müssen, wenn sie in solchen Situationen offenbar keine strikt kausalen Ursachen für nachfolgendes Handeln darstellen, aber auch, wie diese durch kontestierende (Re-)Interpretation in der Staatenpraxis möglicherweise selbst fortgeschrieben werden. Die Annexion der ukrainischen Krimhalbinsel durch die Russische Föderation lässt sich als einen solchen Fall der Normkontestation verstehen, indem eine ganze Reihe zwar immer wieder umstrittener, aber dennoch über die UN-Charta als institutionalisiert geltender Normen wie die der *Souveränität* oder *territorialen Integrität* von einem zentralen Akteur fundamental herausfordert werden. Dabei geht es nicht nur darum, dass eine solche Intervention aus der Sicht der überwiegenden Staaten der internationalen Gemeinschaft (UNGV Resolution 68/262) ‚offensichtlich' gegen geltendes Völkerrecht verstößt. Vielmehr reklamiert auch Russland als ständiges Mitglied des UN-Sicherheitsrates diese Prinzipien für sich und stellt Interpretationen des Völkerrechts

[1] Ich danke Gunther Hellmann für die Betreuung dieser Arbeit, wertvollen Hinweisen zum tieferen Verständnis der Sprachphilosophie Ludwig Wittgensteins sowie dem dankenswerten Verfassen dieses Vorwortes. Nicole Deitelhoff danke ich für die Zweit-Begutachtung sowie eine ausgesprochen bereichernde normtheoretische Diskussion in ihrem Kolloquium.

bereit, dessen Implikationen ebenso relevant wie unklar erscheinen. Verändert sich dadurch das Völkerrecht oder dessen Status in einer stabil geglaubten internationalen Ordnung?

Die Normenforschung übersetzt diese Irritation bislang weitestgehend in die – hier als missverständlich kritisierte – Frage, wann in Folge dessen mit einer *Schwächung oder Stärkung* von Normen gerechnet werden kann (Deitelhoff/Zimmermann 2013a; 2019; Arcudi 2016; Hurd 2013) und wie das Verhältnis von *Akteur und Struktur* vor diesem Hintergrund theoretisch neu gedacht werden muss (Adler/Pouliot 2011; Bueger/Gadinger 2014; Lesch 2016). Grund einer Irritation sind hier implizierte Vorstellungen bisheriger Wirkungsbeschreibungen in konstruktivistischer Forschung, die auf der Gegenseite auch die epistemische Kritik erneuern, ob Normen als soziale Konstrukte überhaupt in kausalanalytischen Zusammenhängen beschrieben werden können (Kratochwil/Ruggie 1986: 767; Kratochwil 2018: 173). Zwar scheint es auch für den Fall der Annexion der Krim und ihrer völkerrechtlichen Aushandlung zunächst plausibel, die Irritation in das Begriffspaar von Schwächung oder Stärkung zentraler Normen oder gar des Völkerrechts insgesamt zu übersetzen. Das ist zumindest der Fall, folgt man dem gängigen Verständnis von Normen, die als *external causes* soziales Verhalten anleiten und einen überzeugten Akteur dazu bewegen, sich im Sinne dieser zu verhalten[2]. Subsumiert man unter einer solchen vermeintlich klaren Definition den vorliegenden Fall, scheint nämlich fraglich, ob fundamentale Normen an Akzeptanz und Relevanz verlieren, wenn sie auf das Handeln zentraler Akteure offenbar keinen kausalen Einfluss (mehr) haben? Die Irritation wird aber auch deswegen überhaupt erst in *diese* Frage übersetzt, weil damit zugleich von einem Norm*kern* oder fest etablierten (Rechts-) Praktiken ausgegangen wird, die in Folge eines vorangegangenen Aushandlungsprozesses bereits weitestgehend festlegen, was die Norm eigentlich *ist*. Damit werden theoretisch zwar auch bleibende Auslegungsspielräume eingeräumt, gerade diese aber als auf eine noch normerhaltende Reduktion limitiert betrachtet. Wird darüber hinaus der Kern selbst in Frage gestellt, wird eine Schwächung nahegelegt (bspw. Deitelhoff/Zimmermann 2013a; Arcudi 2016). Das insinuiert eine zeitliche Abfolge, in der eine Regel oder Norm kausal ursächlich für ein *nachfolgendes* Handeln betrachtet wird und diese Kausalität in einer Situation der Kontestation gestört zu

---

[2] So lautet die gängigste Definition von Normen in den IB nach Finnemore und Sikkink (1998: 891): „Standard of appropriate behaviour for actors with a given identity".

sein scheint. Dass ein solches Normverständnis zwar plausibel *erscheint*, in sich aber starke Missverständnisse in der Beschreibung von Sprach- und Rechtspraxis birgt, ist Ausgangspunkt dieser Arbeit.

Diese Arbeit teilt die grundlegende Frage nach Implikationen normkontestierenden Handelns für das Völkerrecht, kritisiert aber sowohl ein solches kausalanalytisches Verständnis als auch die Übersetzung der Frage in die konkrete Dichotomie nach Stärkung oder Schwächung. Beides, so das einsteigende Argument, stellt sich in dieser Form nur aus einer metaphysischen Theoretisierung heraus, die im doppelten Sinne missverständlich ist. *Erstens* haben Normen[3] als soziale Konstrukte keinen ontologischen Status, weswegen die bloße Unterscheidung von noch auslegbaren und damit neu konstruierbaren Elementen einerseits und einem diesem Prozess in gewisser Weise entzogenen Normkern andererseits, unplausibel wird. Zwar haben internationale Verträge oder andere (schriftliche) Formen von Normsätzen insofern ontologischen Status, als dass sie im wahrsten Sinne des Wortes etwas *greifbar* ausformuliert auf Papier gebracht haben. Wie sie dann in der Praxis Gestalt annehmen ist damit aber schon wegen einer grundsätzlichen Offenheit keinesfalls festgelegt und determiniert nicht, was *ist*, sondern konstituiert eine Bedeutung erst *im Gebrauch* immer wieder neu. Hieran schließt die Arbeit mit der Entwicklung eines alternativen Normverständnis im Anschluss als Ludwig Wittgenstein an und argumentiert, dass durch die Auflösung der künstlichen Trennung von ‚der Norm' einerseits und ihrer ‚Anwendung' andererseits, die Frage nach Implikationen normkontestierenden Handelns rekonstruktiv erforscht werden kann. *Zweitens* ist dann aber auch die Schlussfolgerung, nach Schwächung oder Stärkung zu fragen unpassend, weil völlig unklar ist, was als Referenzpunkt für eine solche Unterscheidung dienen soll, noch, warum ausgerechnet diese Frage dazu geeignet ist, eine Irritation nach möglichen Implikationen zu befriedigen. ‚Stärkung und Schwächung' scheint vielmehr eine missverständliche Dichotomie weiterzuführen, die sich in der Praxis des Völkerrechts so nicht stellt: Wenn Recht immer zwingend interpretiert und re-interpretiert und nicht einfach ‚out there' gefunden wird, befindet sich Völkerrecht (und internationale Normen) in einem *fortwährenden* Konstituierungsprozess darüber, was

[3] Und infolgedessen scheint bereits das Vokabular, von „der Norm" zu sprechen, missverständlich.

gerade *ist*[4]. *Was* ist, stellt dann aber immer nur einen Ausschnitt verschiedener und *ständiger* Interaktionsprozesse dar. Es besteht deswegen weder ein Endpunkt in Form eines Normkerns, der geschwächt werden könnte, noch lohnt es sich von der Schwächung ‚einer Norm' zu reden: Normen sind keine sozialen Fakten, sondern werden in jedem Handlungsvollzug konstituiert. Im Wittgenstein'schen Sinne ist dann, wie hier vertreten, vielmehr die Ursprungsfrage relevant, was in Folge von Kontestation genau mit dem Völkerrecht geschieht, d.h. wie es nun gebraucht wird: „Denk nicht, sondern schau" (PU: §66).

Versteht man in diesem Sinne Kontestation als inhärenten Teil dessen, was wir ‚das Recht' oder ‚die Norm' nennen, lassen sich Implikationen rekonstruieren, ohne solche auf vermeintliche Stärkungen oder Schwächungen ontologisch-statisch gefasster Normen zu reduzieren. Wie stattdessen zentrale Konzepte wie die der *Souveränität*, oder in gewisser Weise verwandt die *territoriale Integrität* aber auch der *Schutzverantwortung* im Völkerrecht gegenwärtig (neu) ausgefüllt werden, rückt in dieser Arbeit in den Fokus. Wenn wir also aus guten Gründen irritiert sind, welche Implikationen sich aus Kontestationsprozessen ergeben, dann scheint es sinnvoll, Völkerrecht und dessen Normen selbst als *Sprachspiele* im Sinne Wittgensteins zu verstehen, wie es in etwas anderer Form beispielsweise von Friedrich Kratochwil vorgeschlagen wird (2014: 53ff.) und damit der Frage nachzugehen: Welche Verschiebungen und Erweiterungen des Sprachspiels einer Souveränitätsnorm lassen sich im Zuge der Annexion der Krim rekonstruieren? Zeigen sich unterschiedliche Überzeugungen, Ideen und Handlungen, wenn sich auf Souveränität als zentraler Begriff des modernen Völkerrechts bezogen wird? Diese Arbeit skizziert Grundzüge eines pragmatistischen Zugriffs auf Fragen der Implikationen von Normkontestation im Anschluss an Wittgenstein und der pragmatistischen Sozialtheorie und rekonstruiert empirisch, wie durch *gegenwärtige* Entwicklungen das Völkerrecht nicht nur herausgefordert, sondern durch Reklamation und Re-Interpretation auch *fortgeschrieben* wird.

[4] „Glaub nicht immer, daß du deine Worte von Tatsachen abließt; diese nach Regeln in Worte abbildest! Denn die Anwendung der Regel im besondern Fall müßtest du ja doch ohne Führung machen." (Wittgenstein, PU: §292).

2. Das Forschungsinteresse

Das zugrundeliegende Erkenntnisinteresse der Arbeit sind die Implikationen von Normkontestation, im speziellen Fall die Annexion der Krimhalbinsel durch Russland, für das Völkerrecht. Dafür wird auf ein Verständnis internationaler Normen zurückgegriffen, das wesentlich durch pragmatistische und Wittgenstein'sche Grundannahmen geprägt ist und infolgedessen besonders den konstituierenden Charakter betont, dem das *Handeln* für die Bedeutung völkerrechtlicher Begriffe wie dem der Souveränität zukommt. Normen haben danach keinen ontologischen Status, sondern werden erst dadurch in ihrer Bedeutung bestimmt, wie sie in der internationalen Gemeinschaft durch ein geteiltes praktisches Wissen Verwendung finden. Was ‚die Norm' oder ‚das Recht' *ist* kann deswegen nicht durch einen Blick auf positivierte Rechtssätze ‚gefunden' werden, sondern ergibt sich erst aus einer ‚geteilten Praktik', einer ‚form of life' wie Wittgenstein sagt. Wittgenstein und seine Sprachphilosophie dient allerdings explizit nicht dazu, die Forschungsfrage durch das Bereitstellen theoretischer Kriterien zu beantworten, sondern stellt vielmehr ein normtheoretisches Grundverständnis dar, das es erst ermöglicht, die Frage mithilfe der vom Pragmatismus inspirierten *Grounded Theory* bearbeiten zu können und ein solches Vorgehen zugleich begründet. Souveränität wird hier also als ein Sprachspiel im Sinne Wittgensteins verstanden. Die übergeordnete Forschungsfrage der Arbeit lautet demnach:

> Was kennzeichnet das Sprachspiel der Souveränität in den internationalen Beziehungen und welche Implikationen lassen sich im Zuge der Krimannexion rekonstruieren?

Dafür wird hier mit der Methodologie der Grounded Theory gearbeitet und anhand internationaler Reaktionen und Handlungsweisen auf die Annexion der Krim untersucht, welche Implikationen sich für das Völkerrecht ergeben. Welche Aspekte also prägt die Verwendung einer Souveränitätsnorm und welche Entwicklungen und Kontinuitäten lassen sich im Zuge der Krimannexion aufzeigen? Aus einem solchen Zugang ergibt sich dann auch zwingend, dass Normen wie die der ‚Souveränität' oder ‚territorialen Integrität' nicht losgelöst voneinander betrachtet werden. Das meint, dass auch ‚eine Souveränitätsnorm' ausschließlich in ihrer Praxis, d.h. innerhalb verwandter Normen wie der territorialen Integrität oder einem Begriff von Schutzverantwortung verstanden werden, die das Sprachspiel der ‚Souveränität' erst (mit) ausmacht und mit Leben füllt. Normen werden danach, und wie unten weiter ausgeführt, nicht als *external causes* verstanden, die Akteure dazu bewegen, sich konform zu verhalten, sondern vielmehr als Handlungsregeln, die *Gründe* für ein solches Handeln bereitstellen (vgl. ähnlich Kratochwil 2014: 57). Damit wird zudem der Versuch unternommen, Völkerrechtswissenschaft und IB-Normenforschung stärker zusammenzuführen und ein theoretisches Vokabular bereitzustellen, das es erlaubt, durch ein gegenseitiges Informieren, „besser" (Rorty 2000: 185f.) mit Kontestationsprozessen zurecht zu kommen.

Im nachfolgenden *dritten* Kapitel wird der konkrete Fall der Annexion der Krim in seinen Grundzügen und Entwicklungen vorgestellt. Im *vierten* Kapitel wird der Forschungsstand mit Fokus auf die Kontestationsforschung, der Praxistheorie und der völkerrechtlich orientierten Legal Theory reflektiert und kritisiert. Hier wird auf analytische Unschärfen als auch theoretische Missverständnisse verwiesen, die mit einem zu statischen und ‚trägen' Normverständnis einhergehen und im theoretischen Vokabular solcher Ansätze selbst verordnet werden. Im *fünften* Kapitel wird sodann das Normverständnis mit Wittgenstein vorgestellt und gezeigt, wie Normen und Recht selbst als Sprachspiele verstanden werden können. Hier wird der Versuch unternommen, politik- und rechtswissenschaftliche Argumentationsweisen miteinander zu verknüpfen, um ein breiteres Verständnis für die Prozesse und Praktiken internationalen Regelfolgens zu erlangen. Dies konkretisiert sich im *sechsten* und *siebten* Kapitel, in dem die Methodologie der Grounded Theory und die rekonstruktive Forschungslogik vorgestellt und an das Vorhaben angepasst wird. Im *achten* und *neunten* Kapitel erfolgen dann die Rekonstruktion des Sprachspiels einer Souveränitätsnorm und der Implikationen für das Völkerrecht im Zuge der Annexion der Krim.

3. Die Annexion der Krimhalbinsel 2014

Die Arbeit interessiert sich für die Implikationen der Krimannexion durch die Russische Föderation 2014-2019 für das Völkerrecht und konzentriert sich dafür auf den konkreten Gebrauch zentraler Normen. Hintergrund der Krimkrise waren zunächst monatelange pro-europäische Proteste insbesondere auf dem „Maidan"-Platz in Kiew, die sich sowohl gegen das verschobene Assoziierungsabkommen der Ukraine mit der Europäischen Union als auch gegen eine der Regierung vorgeworfene Korruption richteten und sich bis zum Februar 2014 weiter zuspitzten. Durch den Einsatz von Schusswaffen starben mehrere Menschen. Auch auf der Krimhalbinsel kam es infolgedessen zu zunehmenden Protestbewegungen, insbesondere gegen die ukrainische Regierung in Kiew. Am 27. Februar 2014 besetzten bewaffnete Soldaten ohne Hoheitsabzeichen strategische Punkte, darunter das Regionalparlament und -regierung auf der Krim und hissten dort die russische Fahne. Ohne die in der ukrainischen Verfassung verankerte Zustimmung der Zentralregierung wurde eine neue Regionalregierung eingesetzt.

Der UN-Sicherheitsrat beschäftigte sich bereits am 01. März 2014 erstmals mit der Ukrainekrise und seitdem in regelmäßigen Abständen. Auch in der UN-Generalversammlung und dem Europarat war die Lage in der Ostukraine und der Krim regelmäßig Teil der Agenda. In den UN-Sicherheitsratssitzungen mit ständiger Gastrolle für die Ukraine, werden insbesondere Russland souveränitätsverletzende militärische Handlungen vorgeworfen, die entweder unmittelbar oder mittelbar durch Unterstützungshandlung der Separatisten, Russland zugerechnet werden. Der Aushandlungsprozess darüber, wie mit der Krise international Verfahren wird, wie Russlands Annexion zu behandeln ist und welche Rolle die internationale Gemeinschaft zum Schutz ukrainischer Souveränität einerseits und dem Schutz der Menschenrechte andererseits einnehmen soll, steht dabei im Fokus. Am 06. März 2014 kündigte das neu eingesetzte Regionalparlament auf der Krim zugleich das Abhalten eines Referendums zum weiteren Verbleib der Krim in der Ukraine an. Darin standen sowohl die „Wiedervereinigung der Krim mit der Russischen Föderation", als auch der Verbleib in der Ukraine, allerdings bei Wiederherstellung der Geltung der ukrainischen Verfassung von 1992, zur Wahl. Ein Verbleib als Teil der Ukraine bei Beibehaltung des Status Quo wurde nicht zur Wahl gestellt. Auch dies wurde im Sicherheitsrat debattiert und von den weit überwiegenden Delegationen als fundamentale Völkerrechtsverletzung geahndet und später aktiv und anhaltend unilateral sanktioniert. Russland erklärte einen Tag nach dem vorgezogenen Referendum am 16. März 2014 die Wiedereingliederung der Krimhalbinsel in das eigene Hoheitsgebiet.

Insbesondere EUropäische Staaten[5] und die USA, aber auch die weit überwiegenden UN-Staaten erkennen eine solche Eingliederung nach wie vor nicht an und sehen darin eine eklatante Souveränitätsverletzung der Ukraine und eine Verletzung zentraler Prinzipien des Völkerrechts. Russland hingegen verweist auf Präzedenzfälle wie der Kosovo-Entscheidung und wirft vielmehr „dem Westen" vor, durch „doppelte Standards" das Völkerrecht für eigene Interessen zu instrumentalisieren und durch Einmischung in „internal affairs" ihrerseits gegen Grundprinzipien der Souveränität zu verstoßen. Ein durch die USA, der Ukraine und eine ganze Reihe weitere Staaten eingebrachter Resolutionsentwurf wurde im Sicherheitsrat mit dem Veto Russlands und bei Enthaltung Chinas blockiert. In der Generalversammlung wurde 2014 mit 100 Prostimmen und bei Gegenstimmen Russlands sowie Armeniens, Boliviens, Kubas, Nicaraguas, Nordkoreas, Simbabwes, Sudans, Syriens, Venezuelas und Weißrusslands sowie 58 Enthaltungen, darunter China und Indien, eine Resolution angenommen, die die souveräne Integrität der Ukraine anmahnt. Der Sicherheitsrat beschäftigt sich bis zum Juni 2019 in 32 öffentlichen sowie weiteren nichtöffentlichen Sitzungen mit der Krise.

Die Intensität der Reaktionen und der Auseinandersetzung mit der Krim Krise in autoritativen Arenen, allen voran dem UN-Sicherheitsrat, legt die Vermutung nahe, dass der Konflikt nicht ohne Implikationen für das Völkerrecht selbst bleibt. Das gilt umso mehr, als hier grundlegende Fragen einer internationalen Ordnung verhandelt werden, etwa wenn ‚Souveränität' als völkerrechtlicher Begriff in verschiedenen Hinsichten Teil der Aushandlung ist. Die Besonderheit dieses Konfliktes liegt also darin, dass hier nicht lediglich Kritik an verschiedenen Interpretationsweisen des Völkerrechts geübt wird, sondern dieses selbst von verschiedensten Seiten reklamiert, interpretiert und eingeklagt, im Wittgenstein'schen Sinne also *gebraucht* wird und damit in konkreten Handlungszusammenhängen neu konstituiert wird.

---

[5] Der Begriff „EUropäisch" wird verwendet, um sich auf Staaten der Europäischen Union zu beziehen.

4. Kontestations- und praxistheoretische Normenforschung

Kontestation ist in der IB-Normenforschung ein fest etabliertes Forschungsgebiet. Dabei wurde internationales Recht zuweilen entweder als ein Abbild individueller Nutzenkalküle im Sinne eines methodologischen Individualismus (Waltz 1979: 94; Keck 1995: 8) oder doch mit weitreichender Ordnungsfunktion mit direkt kausaler Erklärungskraft für Akteursverhalten beschrieben (Katzenstein 1996: 30, March/Olsen 1998: 958). Dieser und ähnliche Dualismen haben insbesondere in den 2000er Jahren zunächst zu einer starken Beschäftigung mit Aushandlungsprozessen in der Entstehung und Diffusion von Normen geführt, deren ‚Endpunkt' eines Norm-Life-Cylces oder deliberativen Überzeugungsprozesses sodann in der Überführung in positivierte Verträge und völkerrechtliche Rechtssätze gesehen wurde. Eine Internalisierung normativer Strukturen würde sodann als „causes" in einer Logik der Angemessenheit (*appropriateness*) intersubjektiv geteilte Vorstellungen vom ‚guten' Verhalten produzieren und soziales Verhalten anleiten. So lautete die zentrale Definition von Normen: „standard of appropriate behaviour for actors with a given identity" (Finnemore/Sikkink 1998: 891), mit dem Normen als unabhängige Variable konzipiert werden.

Darin enthalten ist die kritikwürdige implizite Vorstellung eines fortlaufenden und linearen Sozialisierungsprozesses, der einer geradezu teleologischen Logik folgt (Daase 2013: 44; Acharya 2004) und Normen insgesamt als statische ‚Dinge' fasst (Engelkamp/Glaab/Renner 2012a: 104; Krook/True 2012: 104), die lediglich verbreitet werden müssen, insgesamt aber stabil bleiben. Diese Logik lässt sich am anschaulichsten an dem einflussreichen Spiralmodell der Forschungsgruppe Menschenrechte (1998) aufzeigen, die zwar durchaus von dynamischen Vor- und Rückschlägen in der Verbreitung von Menschenrechten in autoritären Regimen rechnet, insgesamt aber doch von einem linearen und ein-direktionalen Prozess ausgeht. Ist also einmal ein „tipping point" einer durch Normunternehmer und Advocacy Networks überzeugten kritischen Staatenzahl erreicht, erfolge Diffusion und Internalisierung gleichsam automatisch (*taken-for-granted*). Insbesondere die kritische und poststrukturalistische Normenforschung hat in der Konsequenz ein ‚zur normativen Setzung genötigtes' Verständnis kritisiert, das westliche und liberale Normverständnisse implizit stärkt und nicht-westliche tendenziell marginalisiert oder gar delegitimiert (Epstein 2012: 140)[6]. Daraus folgt aber insbesondere auch eine ‚Blindheit' für neuere Entwicklungen und ständiger Dynamiken von Normen, die nicht nur deren Verbreitung oder Akzeptanz betreffen, sondern deren Bedeutung und konkreten Verwendungsweisen in alltäglichen Situationen der internationalen Beziehungen und dem Völkerrecht. Kratochwil ist in der Kritik hierzu zuzustimmen, der darauf hinweist:

> „(…) even when norm cascades have been successful, (…) normative orders can decay – as we see in extrajudicial killings and the ever increasing use of drones in the "war on terror" – [that] comes as a surprise only to those who mistake human laws for laws of nature, or consider them to be irreversible "signs" of the kingdom of ends." (Kratochwil 2018: 172).

Auch die an Habermas' kommunikatives Handeln orientierte *Logic of Arguing* (Risse 2000; Deitelhoff 2006) impliziert eine genuine Stabilitätsannahme, die von einer einmal verständigungsorientiert und deliberativ zustande gekommenen Norm „persuaded Norm-Followers" erwartet und damit eine prozessuale Aushandlung darüber hinaus zumindest zunächst vernachlässigt. Obwohl eine kausale Konzeption von Normen zweifelsohne zu einem besseren Verständnis über eine ganze Reihe von normativen Aushandlungsprozessen beigetragen hat und hier nicht in Abrede gestellt wird, dass der damit einhergehende Fokus auf Kommunikationsmodi insbesondere zur Nachzeichnung von Entstehungs- und Überzeugungsprozessen einen überaus nützlichen Zugang bietet, wird eine statische Vorstellung von Normen insbesondere in Fragen der Normkontestation virulent. Das liegt auch an dem damit implizierten sequenziellen Denken von Normen, nachdem Akteure sich in Handlungssituationen immer zunächst darüber vergewissern würden, was ‚die Norm' als angemessenes Verhalten aufzeigt und sodann danach folgend handeln. Aus einer solcher Vorstellung entsteht die große Irritation, wenn Akteure ein solches Verhalten gerade nicht ‚zeigen'.

Solchen Normverständnissen haben Hoffmann (2004; 2010) und mit einem der elaboriertesten Ansätze zur Normkontestation auch Wiener (2014: 10; 2018) eine prinzipielle Umstrittenheit von Normen entgegengesetzt und mit einer „dual quality" das Normverständnis dahingehend geöffnet, diese seien „both structuring and socially constructed through interaction in a context. While stable over particular periods,

[6] Vgl. dazu auch die Debatte zwischen Engelkamp/Glaab/Renner (2012a, b) und der überzeugenden Replik von Deitelhoff/Zimmermann (2013b) und Ulbert (2012) sowie Hofius et al. (2014).

they always remain flexible by definition“ (Wiener 2007: 49). Wiener formuliert ihre Kritik an einer Übergewichtung von Aushandlungs*ergebnissen* und daraus resultierenden statischen Normverständnissen besonders scharf, wenn sie argumentiert, dass sich Normbefolgung nur noch als „Übernahme“ oder „Ablehnung“ konzeptualisieren lässt (Wiener 2007: 179) und das Recht insgesamt als externe Variable und vom Sozialen abgeschottet verstanden wird (vgl. auch Brunnée/Toope 2018). Wieners Kritik unterschätzt zwar – auf den ersten täuschenden Blick – möglicherweise auch die Antwortfähigkeit solcher Ansätze in Fragen der Normkontestation, beispielsweise wenn es gerade fehlende deliberative Strukturen sind, die eine Verständigung erschweren. Indem sie aber auch diese Frage in anderer Weise mit auffasst, trifft sie einen zentralen Punkt, wenn damit vor allem eine Statik kritisiert wird. So wird zwar nahezu als *common sense* das Problem einer zunehmenden Verdrängung der Agency zu Gunsten einer strukturähnlich wirkenden Norm benannt (vgl. Hoffmann 2010). Neuere Ansätze, die sich entweder auf eine solche deliberative Konsolidierung (Wolff/Zimmermann 2015) oder Erosion und Umstrittenheit von Normen fokussieren, rücken aber nur unwesentlich von kausalanalytischen Konzeptionen ab und argumentieren mit neuem Blick auf das Verhältnis von Akteur und Struktur lediglich mit einer dynamischen Erweiterung oder Schließung von Handlungsspielräumen bei neu entfachten Diskursen (Rosert/Schirmbeck 2007) oder lassen das einflussreiche Norm-Life-Cycle Modell gleichermaßen ‚rückwärts‘ ablaufen und stellen auf „Erosions-Kaskaden“ nicht sanktionierter Normverletzungen ab (Panke/Peterson 2012)[7]. Das ist insofern problematisch, als damit zwar gezeigt werden kann, was an bestehenden normativen Strukturen weniger oder mehr Geltung für sich beanspruchen kann, ‚Neues‘ in der Welt bleibt damit aber genuin offen und unberücksichtigt. Wie genau sich also der Zwischenraum zwischen (vermeintlich) unumstrittener Geltung einerseits und einer vollständigen Erosion andererseits genau verstehen lässt, d.h. wie sich durch Kontestation die Bedeutung von Normen *selbst* verändern kann, die man vorher als statisch postuliert hat, bleibt offen. Letztlich werden Normen hier in einem wissenschaftspositivistischen Vokabular – wenn auch nicht so benannt – als ‚soziale Fakten‘

[7] Ausdifferenzierungen und starke Kritiken wie der Lokalisierung (Acharya 2004), Übersetzung (Zimmerman 2016) oder Wandel (Krook und True 2012) werden hier nicht einzeln angesprochen, fallen aber (in weiten Teilen) grundsätzlich nicht aus diesem Schema eines kausalanalytischen Normverständnisses, auch wenn nicht ‚unterschlagen‘ werden soll, dass sie ein solches wesentlich umformulieren.

behandelt und somit zumindest teilweise weiterhin in jenen Sprachspielen gefasst, von denen sich Konstruktivisten wie Wendt gerade abzugrenzen versucht haben. Damit wird zu Gunsten einer vermeintlich deutlicheren positivistischen Forschungsperspektive verschiedene Handlungen isoliert voneinander betrachtet und damit das sinnhafte ‚Ganze' aufgelöst, das Normen doch gerade durch den Gebrauch in alltäglichen Zusammenhängen ihre Bedeutung verleiht[8]. So sind zwar – recht grobe – Aussagen wie der Verweis auf eine ‚Erosion' oder eben ‚Stärkung und Schwächung' möglich, ohne damit aber wirklich erklärt oder gezeigt zu haben, was nun die Implikationen solcher Prozesse für Normen selbst und ihrer Bedeutung *im* Gebrauch sind. Insbesondere Kratochwil geht noch einen entscheidenden Schritt weiter und hat überdies die fundamentale(re) Kritik angemeldet, „however no rule ‚makes' one behave in a certain way, as rules or norms are not causes, but provide reasons for action" (2014: 57). Damit stellt er überzeugend in Frage, ob ein solches Normverständnisse überhaupt dazu beitragen können, ‚Regeln' wie das Recht oder Normen insgesamt besser zu verstehen, oder ob nicht vielmehr auf missverständliche Vorstellungen rekurriert wird, die unvollständige und unangemessene Beschreibungen normativen Handelns bieten.

Auf Fragen der Normkontestation können solche Ansätze zunächst nur beschränkte Antworten geben und es bleibt unklar, was die tatsächlichen Implikationen solcher Umstrittenheiten sind und wie sie untersucht werden können. Die Kontestationsforschung kennzeichnet sich mithin durch eine weitgehende Uneinigkeit und für die Frage nach Implikationen auch durch eine anhaltende Unklarheit aus. Diese Unklarheit liegt, wie nachfolgend skizziert, in einem missverständlichen Normverständnis insgesamt, das auch in neueren Ansätzen fortgeführt wird. Kratochwil (2018: 167, Hervorhebungen übernommen) hat auch hier ein gewichtiges Argument, wenn er darauf hinweist:

> „To that extent the debate on how we can prove that norms matter seems utterly confused since it is informed by some incoherent notions of what constitutes a (scientific) explanation instead of accepting the multiple meanings of "cause" and of *what can serve as an "explanation" in different contexts.* Both problems, singly and in conjunction, prevent us from developing more appropriate strategies for probing the role rules and norms play in shaping international reality in general, and decisions in particular."

[8] Vergleiche dazu auch die treffende Kritik von Benjamin Herborth 2017: 607.

4.1 Normkontestationsforschung

Explizit nehmen sich etwa Deitelhoff und Zimmermann (2013a; 2019) diese Lücke im Anschluss an der Literatur zu Diffusion- und Wandlung vor und fragen danach, „when to expect strenghenting or weakening"? Sie unterscheiden zwischen Anwendungs- und Geltungskontestation und sehen in beiden Kontestationsweisen zentrale Indizien, die über mögliche Implikationen Auskunft geben können[9]. Während erstere als eine Kritik an einer bestimmten Auslegungsweise einer Norm sogar zu einer Stärkung beitragen könne, wenn Klarheit und Stabilisierung normativer Erwartungen erzeugt wird, führe dagegen eine Infragestellung der Geltung einer Norm selbst zu ihrer Schwächung. Kontestation wird damit mit dem Verlust oder Gewinn an diskursiver Geltung und handlungsanleitender Faktizität in Verbindung gebracht. Ohne auf die tiefere Argumentation des durchaus elaborierten Ansatzes einzugehen, scheint aber bereits die Unterscheidung zwischen Anwendungs- und Geltungskontestation selbst dann kritisch, wenn man das zugrundliegende Normverständnis akzeptiert.

Zum einen ist eine direkte und fundamentale Kritik in der Praxis der internationalen Beziehungen weit unüblicher, als durch das theoretische Konzept suggeriert wird. Selbst fundamentale Infragestellungen gehen üblicherweise mit einem ‚grundsätzlichen' Bekenntnis zu einer Norm einher, indem Akteure ihre Kritik als ‚Anwendungskontestation' verpackt äußern[10]. Das reine Argumentieren scheint kaum aussagekräftig zu sein und lässt weder eine solche trennscharfe Differenzierung zu, noch sagt es etwas darüber aus, wie Normen tatsächlich verwendet werden. Analog ist das Problem der Unterscheidung der beiden Kommunikationsmodi *arguing* oder *bargaining* (Holzinger 2001; Schimmelpfennig 1997; Müller 1994) auch hier nicht marginal. Konzeptuell sind zudem sogar Beispiele denkbar, die in dieser Logik verbleibend eine umgekehrte Wirkung nahelegen würden: In dem selbst aufgeführten Beispiel (Deitelhoff/Zimmermann 2019: 2) der Kritik am internationalen Strafgerichtshof ist es nicht die Geltungskontestation an einer Norm der Strafverfolgungsverantwortung schwerster Verbrechen (die so auch in den seltensten Fällen überhaupt geäußert wird), sondern gerade die Infragestellung einer bestimmten Normanwendung in konkreten Fällen, die das Gericht als Institution unterminiert, weil dieses ja eine solche

[9] Ganz ähnlich auch Arcudi (2016).

[10] Selbst für den hier zu untersuchenden Fall der Annexion der Krim stellt Russland im Sicherheitsrat fest: „We do not dispute the principle of the terrotiroal integrity of a State. It is indeed very important" (UNSC 7138: 2).

Anwendung autoritativ entscheiden soll. Hier scheint es eine Anwendungskontestation zu sein, die ‚schwächend' wirkt. Das gilt selbst dann, wenn man diese anwendende oder rechtsprechende Funktion des Gerichts als den eigentlichen Normkern der Institution begreift und sodann von einer Geltungskontestation spricht: Warum dadurch nicht auch eine Strafverfolgungsverantwortung negativ betroffen sein soll, die ja gerade durch das Gericht umgesetzt, d.h. ‚angewendet' wird und wie sich beides dann überhaupt noch sinnvoll unterscheidet, bleibt offen. Das Beispiel macht vor allem darauf aufmerksam, dass Implikationen deutlich komplexer und vielseitiger sein können, als durch die Dichotomie von „Stärkung" und „Schwächung" suggeriert wird. So sind in jeder Kontestation Kontinuitäts- *und* Wandlungselemente enthalten, die in einem solchen Vokabular verdeckt bleiben.

Letztlich trifft aber eine grundsätzlichere Kritik den Begriff der Anwendungskontestation selbst, der den konstituierenden Einfluss unterschätzt, den eine Anwendung (bzw. *Ver*wendung) darauf hat, was ‚die Norm' überhaupt *ist.* Werden Normen ausgelegt, scheint es nicht plausibel weiter von einem festen Normkern auszugehen, wenn sich die Bedeutung dieser doch gerade in einer bestimmten Verwendungsweise bestimmt. Die Entscheidung zwischen unterschiedlichsten Auslegungsmöglichkeiten ist für die Frage, was die Norm *ist*, eben nicht nur eine bloße Anwendungsfrage, über die ‚im Kern' Einigkeit besteht. So ist die Frage der Anwendung zugleich eine Geltungsfrage, weil mit der gleichen Norm diametral gegenüberstehende Konzepte verstanden werden können. Die Unterscheidung von ‚der Norm' und ihrer ‚Anwendung' ist insofern hoch irritierend, weil Normen ohne ihre Interpretation schon aufgrund einer grundsätzlichen Offenheit *keinerlei* Bedeutung zukommt und vielmehr das sind, als was sie gebraucht werden.

Eine solche Sichtweise wird nicht nur durch ein hier vertretenes Wittgenstein'sches Sprach- und Regelverständnis nahegelegt, sondern auch durch eine Reihe anderer Ansätze: In der Rechtsdogmatik beispielsweise kommt einer Begriffsjurisprudenz mit einer geradezu kontextlos-grammatikalischen Betrachtung der Normtexte nahezu keinen Einfluss mehr zu und es wird mindestens die Unentscheidbarkeit verschiedener Dogmatikfragen als reine ‚Begründungsfragen' statt ‚Wahrheitsfragen' unaufgeregt akzeptiert (Haferkamp 2010). Huells (2017: 387) hat wiederum einen treffenden Punkt, wenn er mithilfe einer Foucault'schen Diskurstheorie argumentiert, „that the meaning of norms is defined and constructed in the operationalization process". Auch wenn seinem Ansatz schon wegen den Implikationen des

Begriffes „Operationalisierung“ und der darin enthaltenden theoretischen Vorstellung hier nicht gefolgt wird, scheint er doch deutlich zu machen, dass die konkrete Anwendung bzw. Verwendung eine nicht marginale Rolle einnimmt, die einen ‚Kern‘ nicht unberührt lässt. Noch stärker macht Venzke diesen Punkt, wenn er fragt, „How interpretation *makes* international Law“ (Venzke 2012, Hervorhebung ergänzt).

Die Differenzierung zwischen Norm und Anwendung überlastet das Ergebnis eines positivierenden Aushandlungsprozesses und exkludiert oder negiert demgegenüber die konstituierende Gestaltungsfähigkeit der Akteure in der alltäglichen Verwendung („in use“). Gerade das ist aber zentral für mögliche Implikationen von Kontestation, weil ansonsten ein solches Handeln analytisch von Beginn an darauf reduziert wird, etwas vermeintlich ontologisch Bestehendes zu übernehmen oder abzulehnen, und der Blick für jedes gestaltende und konstituierende Handlungselement dementsprechend verstellt bleibt. Wenn wir von ‚der Norm‘ sprechen, meinen wir in aller Regel aber gerade nicht lediglich einen Normtext, sondern beziehen uns auf etablierte Rechtsmeinungen und Konzepte, die erst wesentlich gestalten, was ‚die Norm‘ überhaupt ist.

Zwar erscheint die Möglichkeit, nach Stärkung oder Schwächung zu fragen, schließlich ein Vorteil eines solchen Normkernverständnisses zu sein, ergibt sich aber auch überhaupt erst aus eine solche Konzeption, wie sie (auch) bei Deitelhoff/Zimmermann gefolgt wird: Erst durch die Vorstellung eines ontologischen Status von Normen als geradezu ‚dinghaft‘ lässt sich sinnvoll von Stärkung oder Schwächung sprechen als etwas, was weniger oder mehr Geltung für sich beanspruchen kann. Im Ergebnis ist der Ansatz für einige Fälle eine nützliche – und durchaus elaboriertere als hier in Kürze dargestellt – Hilfestellung, scheint aber das eigentliche Problem nur teilweise fassen zu können. Durch das Festhalten an einem dann doch statischen Normverständnis werden wesentliche Implikationsmöglichkeiten von vornherein aus dem Blick verloren. Was fehlt ist ein sensiblerer Blick für die ‚internen‘ praktischen Abläufe des Rechts und Normen, und den damit implizierten konstituierenden Handlungen, die die Bedeutungen dieser auch dann wesentlich ‚bestimmen‘ und neu beeinflussen können, ohne eine ‚grundsätzliche‘ Geltung überhaupt zu irgendeinem Punkt in Frage zu stellen[11]: Mit dem argumentativen ‚Bekennen‘ für oder gegen eine Norm als solche ist noch gar nichts gesagt, sondern es kommt darauf an, wie Rechtsbegriffe

[11] Bereits sprachlich wird hier deutlich, wie der Begriff „die Norm“ eine gleichsam ‚leere Hülle‘ ist.

und Normsätze mit ‚Leben' gefüllt werden. Auf die ‚Hülle' einer Norm als solche kommt es dann für Kontestationsprozesse aber gerade nicht an.

4.2 Legal Theory

Etwas ähnliches, aber im Ergebnis ebenfalls zu statisches, lässt sich auch für verschiedene Ansätze der völkerrechtlich orientierten Legal Theory feststellen[12]. Sie hält zumeist an einem rechtspositivistischen Begriff des Rechts fest, als formalisierte und hierarchische Sanktions-Ordnung (*Austins Befehlsjurisprudenz*) und einer Reduzierung auf objektive Normsätze (*Kelsens Grundnorm*) oder Regeln erster und zweiter Ordnung (*H.L.A. Harts „rule of recognition"*)[13]. In einer solchen positivistischen Konzeption bleibt ‚die Norm' von sozialen Prozessen vollkommen unberührt. Was rechtsdogmatisch eine ausreichende Vorstellung ist, bleibt für die hier gestellte Frage nach Normkontestationen antwortlos. Selbst die ausdrücklich an Prozessen interessierte *Legal Process School* als Teil des Legal Realism begreift Völkerrecht selbst nicht als eine soziale Praktik sondern als starres ‚Produkt' das erst in der Implementierung bestimmten Praktiken rechtlicher Argumentation unterliegt und damit zur konstruktivistischen *Logic of Appropriateness* gewisse Parallelen aufweist (u.a. Johnstone 2011). Die *Critical Legal Studies* dagegen macht auf eine grundsätzliche Unbestimmtheit von Normen aufmerksam, die jede rechtliche Entscheidung mithin zu einem Akt der Interpretation werden lässt und damit gerade die konstituierenden internen Abläufe des Rechts betont; sie verbleibt aber in einer solchen Kritik und kann nicht aufzeigen, wie Normen dann überhaupt intersubjektive Bindung produzieren können. Insofern liegt eine Trennung von Norm und Anwendung sowohl in konstruktivistischer Normenforschung als auch in weiten Teilen der Legal Theory vor und lässt damit offen, welche Implikationen sich aus Kontestationen für internationale Normen und dem Völkerrecht ergeben können. Aus der kurzen Betrachtung verschiedener Legal Theories wird aber deutlich – und darauf kommt es hier an – dass der internen Praxis des Völkerrechts eine zentrale Rolle zukommt und es nicht unplausibel scheint, diese in einer Theoretisierung zu berücksichtigen, jedenfalls aber nicht lediglich ‚von außen' auf ‚die Norm' zu schauen (vgl. Hakimi 2020; Meierhenrich 2013: 16ff.; Sinclair 2011).

---

[12] Für eine systematische Übersicht siehe Brunnée/Toope 2018.

[13] Vgl. Austin (1995); Kelsen (1960); Hart (1961).

4.3 Praxistheoretische Normenforschung

Dafür bietet die praxistheoretische Normenforschung einen interessanten Anknüpfungspunkt. Insbesondere Adler/Pouliot (2011) und Brunnée/Toope (2010; 2018) haben jüngst auf diese Engführung reagiert und beschäftigen sich explizit mit Praktiken, die Normativität gestalten. Beide lassen sich unter dem *Practice Turn* subsumieren und folgen der Argumentation, Normen seien von einer grundsätzlichen Ambiguität geprägt und Agency dürfe insofern nicht von einem Strukturalismus marginalisiert werden. Sie ersetzen den Dualismus von Akteur und Struktur durch ein primäres Interesse an Praktiken, verstanden als routinisierte Handlungsmuster mit einem „socially constructed background knowledge" als Bindeglied zwischen beiden. Zentral ist der Gedanke, dass Normen per se keine Auskunft darüber geben, wie sie ‚richtig' angewendet werden und deswegen ein implizites praktisches Wissen eben darüber bestehen muss, was sie unter dem Begriff der „competent performances" fassen. Der *Practice Turn* umfasst eine ganze Reihe konzeptuell zum Teil stark auseinanderlaufender Ansätze, die für Praktiken entweder Reproduktion und Stabilität (zumeist an Bourdieu orientiert[14]) oder Kontingenz und Wandel betonen (Reckwitz 2003). Ohne die bereits ausführlich diskutierten Kritiken anzuführen (dazu Bueger/Gadinger 2008: 288ff.; Gadinger 2015; Lesch 2016; grundlegend dazu schon Joas 1993), werde ich mich nachfolgend auf letztere Gruppe beschränken und das mit deren Ausrichtung begründen, die explizit Dynamiken statt Stabilität zum Normalfall erklären und dabei Handlungen in den Vordergrund rücken. Der Fragestellung entsprechend sind dabei besonders solche Arbeiten für mich von Interesse, die sich wie von Adler eingeführt und von Brunnée/Toope für die „interaktionale" Völkerrechtswissenschaft ausdifferenziert, mit Praxisgemeinschaften beschäftigen.

Brunnée/Toope (2010) postulieren Praktiken mit dem Anspruch, Konstruktivismus und Völkerrechtswissenschaft in der Frage der „*legal obligation*" zusammenzuführen. Dafür brechen sie mit befehlstheoretischen Vorstellungen von Recht, die dieses auf autoritativ zustande gekommene und durch Sanktionen bedrohte Rechtssätze reduzieren und öffnen den Blick für das Völkerrecht als eine soziale Praxis:

[14] Vgl. Schindler/Wille 2015; Epstein 2013.

„[A] richer understanding of legal obligation emerges when the focus is shifted from the formal manifestations of law to the interplay between internal makers and the practices that sustain legality" (2011: 109).

Bindungswirkung (*obligation*) entfalte das Recht weder durch Sanktionen noch einen deliberativen Entstehungsprozess oder die Angemessenheit der Normen. Vielmehr sei es die Teilnahme an geteilten Praktiken, verstanden als „shared understandings", reproduziert und transformiert durch „everyday social practice" (Ebd.). Sie binden damit Legalität direkt an geteilte Rechtspraktiken und ermöglichen es so, Interaktionen zu untersuchen, die in verschiedener Weise auf das Recht einwirken und dieses erst gestalten. Brechen diese Rechtspraktiken ein, erodiert die Norm oder wird zumindest geschwächt: „[Practices] can undermine legality, just as they can support it" (2010: 262) und sie folgern, „Legality must actually be practiced" (2018: 5).

Legalität ist hier im Sinne der Rechtstheorie Lon Fullers zu verstehen, der in Kritik an H.L.A. Harts Rechtspositivismus die Validität von Normen nicht in höherliegenden Normen begründet sieht, sondern in „Commitment" durch soziale Praxis, die durch eine „inner morality of law" und der ‚*Criteria of Legality*' (generality, promulgation, non-retroactivity, clarity, non-contradiction, not asking the impossible, constancy, and congruence between rules und official action) ermöglicht werde. Die zentrale Stärke ihres Ansatzes liegt darin, Recht nicht als vom Akteur extern liegend zu beschreiben, sondern als von diesem erst (re-)produziert und damit grundsätzlich auch wandel- und gestaltbar. Die Rechtsanwendung, Interpretation und Geltendmachung seien Teil einer solchen Praxis, die „either supports (…) or undermines legal norms" (2010: 262). Sie konkretisieren an anderer Stelle ihr Verständnis von Praktiken, die sie als *background knowledge* über rechtliche Begründungen auch in einer stabilitätswirkenden Funktion verstehen: „Thus, while debates may range about whether or not (…) a given action is in conformity with international law, the parameters for that debate are stable" (Ebd.).

Damit konzentriert sich ihr Blick auf einen festen Kern einer solchen Community, der durch implizites Wissen darüber, welche rechtlichen Argumente und Begründungen in einem Aushandlungsprozess als zulässig gelten, Recht gestaltet. Sie gestehen einer Norm einen grundsätzlichen, aber beschränkten Auslegungsspielraum zu, der sich erst in einer geteilten Interpretationsweise konkretisiert, nicht aber dauerhaft determiniert. Damit wird zwar der Blick dafür geöffnet, dass es Praktiken sind, die Normen stabilisieren, wandeln oder einbrechen lassen.

Wann und wie sie das eine und wann das andere tun, bleibt aber völlig unklar (Lesch 2016: 40). Sie fokussieren sich gerade auf das Lernen bestehender Praktiken, nicht auf Prozesse der Neuverhandlung und verlieren letztlich durch ihre Fokussierung auf diese als zentralen Ort des Sozialen den Blick auf jene situativen Aushandlungsprozesse, die an den ‚Rändern' einer Practice Community stattfinden und etablierte Praktiken herausfordern. Wenn jedoch Praktiken Normen aufrechterhalten, gestalten und damit erst ausmachen – und diese Auffassung vertritt im Grundsatz auch diese Arbeit – sind gerade solche Prozesse zentral, weil nur sie Normativität neu aushandeln. Sie verlieren damit die Frage nach Implikationen von Kontestation wesentlich aus dem Blick. Entsprechend kommen auch Brunnée/Toope selbst darauf zu sprechen, dass ihr interaktionaler Ansatz trotz einer prozessualen Ontologie „tend to favour stability of particular legal norms or legal regimes" (2018: 12). Entscheidend schränken sie sich damit dort ein, wo sie Praktiken selbst als „stable" und von einer Erneuerungs- und grundsätzlichen Wandlungsfähigkeit weitestgehend abgeschirmt betrachten. So gelingt es ihnen zwar, den Dualismus von Akteur und Struktur zu überwinden und sie können überzeugend darauf hinweisen, dass „the document [Verträge, etc.] alone ensures neither stability nor change in Law" (Ebd.: 5). Der Blick auf jene Interaktionen, die genau das tun, bleibt aber auch in ihrem „interaktionalen" Ansatz weiter versperrt. Wie nämlich verschiedene „shared understandings", d.h. unterschiedliche in zentralen Situationen des Streits selbst interagieren, ist unberücksichtigt (Bueger/Gadinger 2014: 34-35).

Letztlich scheint auch unklar, in welchem Verhältnis Normen und Praktiken stehen. Einerseits wird klar, dass Brunnée/Toope Legalität an ebenjene Praktiken koppeln und allein diese Praktiken entscheiden, was ‚die Norm' ist. Andererseits implizieren sie aber durchaus eine strake Trennung beider und eine Statik der Norm, wenn sie die normerhaltende Rechtspraktik auf die Befolgung ‚der Norm' selbst reduzieren (vgl. auch Lesch 2016: 39). Damit wird ein fester Kern der Norm impliziert, der gerade nicht einer grundsätzlichen Interpretationsmöglichkeit unterliegt. Wie Reus-Smit (2011: 340) herausstellt: „While distancing themselves from such accounts, Brunnée and Toope inadvertently fall into the same trap." Insgesamt bleibt auch bei Brunnée/Toope ein leichter strukturalistischer Seitenschlag und eine Fokussierung auf die *practice* als routinierte und unhinterfragte Handlungsweise bestehen. Sie verlieren dabei aber die *praxis* als die spontane Situation in der nicht routiniert gehandelt wird, aus dem Blick, indem sie beides voneinander trennen. Damit können sie ohne Zweifel die Normenforschung und Völkerrechtswissenschaft gleichermaßen wesentlich bereichern, hingegen aber auf die Frage nach Implikationen von Normkontestationen nur unbefriedigende Antworten geben, weil sie solche Prozesse vernachlässigen.

4.4 Schlussfolgerungen aus dem Forschungsstand

Insgesamt bleibt sowohl eine große Uneinigkeit im Forschungsstand als auch eine weitestgehende Dominanz eines statischen Normverständnisses, das Kontestation auf eine Ablehnung – sei es durch diskursive oder nichtdiskursive Handlungen (Wiener 2014: 12) – reduziert. In der Trennung eines festen Normkerns einerseits und der Anwendung andererseits, liegt eine theoretische Trägheit begründet, die gestaltende Elemente eines Kontestationsprozesses aus dem Blick verliert. Exemplarisch zeigt sich das bei Deitelhoff/Zimmermann darin, dass danach gefragt wird, welche Kontestationsweise vorliegt (Geltung oder Anwendung), aber nicht, welche Überzeugungen stattdessen einer internationalen Gemeinschaft ‚angeboten' und möglicherweise übernommen werden. Bei Brunnée/Toope wird nach den „ebbs or flows" bestehender Praktiken gefragt, aber nicht, wie sich diese ändern. Kontestation ist aber kaum lediglich als bloße Herausforderung von etwas vermeintlich Bestehendem zu verstehen, da sie immer auch immanent gestaltende Momente in Form von Ideen und Verständnissen beinhalten und mithin kein ‚Vakuum' hinterlässt. Infolgedessen also dichotom[15] nach Schwächung oder Stärkung zu fragen, statt offen danach, wie konkret Normen gebraucht werden und eine *ständige* Entwicklung des Völkerrechts zu akzeptieren, reduziert Normen so letztlich doch auf ein theoretisches Ideal und etwas, was vermeintlich abgeschlossen ‚out there' ontologisch besteht. Wenn für die ‚Entstehung' von Normen Argumentationsmodi hilfreich waren, anhand dieser *überhaupt* sich entwickelnde normative Überzeugungen aufgezeigt werden konnten (‚*Does Norms matter?*'), ist das bloße Bekennen zu diesen daran folgend nicht weiter ausreichend. Akteure werden davon nicht determiniert, sondern wirken durch ihre Praktiken auf eine praktische Bedeutung kontinuierlich ein und bestimmen Normen mithin erst *im* Gebrauch immer wieder neu.

---

[15] Bei Deitelhoff/Zimmermann (2019) wird das noch dadurch relativiert, dass eine Skala zwischen beiden Polen angeboten wird, die an der Logik allerdings kaum etwas ändert. Es zeigt vielmehr, wie unscharf auch die vermeintliche Klarheit eines solchen Zugangs tatsächlich ist.

Nimmt man bereits hier Bezug zu Wittgensteins Sprachphilosophie und reflektiert den Forschungsstand aus einer solchen Perspektive, wird deutlich, dass es das verwendete normtheoretische Vokabular selbst ist, das nach „Schwächung" oder festen „Criteria of Legality" suchen lässt. Unzweifelhaft stellen beide Ansätze innerhalb ihres IB- oder völkerrechtsspezifischen Vokabulars mit ihren je eigenen Denk- und Argumentationsweisen herausragende Ansätze dar, gerade weil sie geeignet sind, Irritationen (die je auch unterschiedlich gewichtet werden) zu befriedigen. Diese Irritationen ergeben sich jedoch erst aus dem jeweils spezifischen Vokabular, das zur Beschreibung von Kontestationen *selbst* irritiert ist und deswegen nicht dazu verleiten lassen sollte, ein solches als faktisch misszuverstehen. So liegt etwa ein überzeugender Punkt bei Deitelhoff/Zimmermann auch darin, dass sich der Ansatz nahtlos an die Diffusionsliteratur anknüpfen lässt und damit eine in sich kohärente Beschreibung von Normen in den IB geboten wird, die besondere Plausibilität für sich beanspruchen kann. Von dieser Beschreibung immer deutlich zu unterscheiden, wäre hingegen die *Praxis* selbst. Der sprachliche Irrtum liegt hier darin, dass es zwar für die Diffusionsliteratur nützlich war, Normen in einem kausalanalytischen Sprachspiel als feste Variablen der Weltpolitik zu beschreiben und so als sprachliches Werkzeug zeigen zu können, dass ‚norm matters'. Das ist sinnvoll, verleitet sodann aber für Situationen der Kontestation dazu, nach „Schwächungen" zu fragen, wo gerade ein solches Vokabular als bis dahin sinnstiftender, nun aber *selbst* in eine Situation des *Zweifels* versetzter Wissensbestand über Normen, irritiert ist. Nicht die Praxis selbst ist in *dieser* Form irritiert, sondern unser wissenschaftstheoretisches Vokabular. Ob Normen nun „geschwächt" seien, stellt sich in der Praxis selbst in dieser Form nicht, sondern nur innerhalb eines ebensolchen Sprachspiels[16].

Ganz ähnlich verhält es sich auch bei Brunnée/Toope, wenn sie auf feste „Criteria of Legality" verweisen. Um nicht missverstanden zu werden: Auch dieser Ansatz stellt gerade durch den starken Bezug zur Praxis des Völkerrechts einen herausragenden Beitrag dar, der auch diese Arbeit wesentlich mit unterstützt. Kritisch wird es entsprechend erst dort, wo sie über diese Praxis hinaus beginnen, nach alternativen Gründen einer durchaus zentralen Kontinuität des Rechts zu suchen. Gerade diese ‚Suche' ergibt sich aber erst aus der (grundsätzlich überzeugenden!) Abkehr von positivistischen Völkerrechtsverständnissen und der damit verbundenen Auflösung ‚objektiver' Kriterien, was ‚das

[16] Für eine ähnlich gelagerte Kritik der IB-Forschung siehe Hellmann 2019.

Recht' von ,nicht Recht' zu unterscheiden vermag. Dass sie an dieser Stelle auf etablierte und feste Rechtspraktiken und damit doch einen ,festen Kern' (Bueger/Gadinger 2014: 62) rekurrieren, ergibt sich erst aus einer *normtheoretischen* Irritation, d.h. der Irritation bisheriger Sprachspiele zur Beschreibung des Völkerrechts – wo sie doch eigentlich auf die Praxis des Völkerrechts *selbst*, und ähnlich wie Kratochwil für ein solches Handeln schlicht darauf verweisen müssten: „we know what we are doing – and so does everybody else" (Kratochwil 2014: 57; vgl. auch PU: §654[17]).

[17] „Unser Fehler ist, dort nach einer Erklärung zu suchen, wo wir die Tatsachen als ,Urphänomene' sehen sollten. D.h., wo wir sagen sollten: *dieses Sprachspiel wird gespielt.*" (PU: §654, Hervorhebung übernommen).

5. Normverständnis mit Wittgenstein

Der kritischen Reflektion des Forschungsstands folgend, wird ein Normverständnis zu Grunde gelegt, welches ‚Norm(texten)' weder Bedeutung *per se* noch einen ontologischen Status einräumt. Was neorealistisch klingt, ist auf den zweiten Blick ein immanent konstruktivistisches und vor allem pragmatistisches Argument und baut grundlegend auf ein sprachphilosophisches Verständnis nach Wittgenstein und einer Nutzung für die IB auf, die in ähnlicher Form insbesondere durch Kratochwil nahegelegt wird (2014: 50ff.; 2018: 165ff.)[18]

Folgt man einem Sprachverständnis nach Wittgenstein, für den „die Bedeutung eines Wortes sein Gebrauch in der Sprache" ist (PU: §43), gelingt es den Blick dafür zu schärfen, dass Normen per se deswegen keine feste Bedeutung zukommt, weil sie zwingend interpretiert werden müssen und sie nicht unabhängig von ihrer Anwendung bereits für die Zukunft festlegen, wie sie gebraucht werden; sie sind deswegen aber keineswegs bedeutungs*los*. Unterschiedliche, sich sogar widersprechende Auslegungsmöglichkeiten und ‚Verständnisse' davon, was Rechtsbegriffe wie ‚Souveränität' bedeuten, sind möglich. Die Vorstellung eines geschlossenen Normsystems, das bereits von sich aus festlegt, welche der Interpretationsmöglichkeiten ‚wirklich' zutreffend sind, ist damit insoweit eine Illusion, als dass man ‚wahre' statt schlicht in einer sozialen Praxis ‚begründete' Ergebnisse erwartet. Wittgenstein argumentiert für die Sprache insgesamt gegen diesen Irrtum, ein Zeichen „wird nicht dadurch sinnvoll, daß es mit einem Gegenstand assoziiert wird, sondern dadurch, daß es einen regelgeleiteten Gebrauch hat" (Glock 2010: 121; PU: §§82-89). Wenn die Normenforschung also von ‚Normen' spricht, ist es ein grundsätzlicher sprachlicher Irrtum, ‚die Norm' mit dem Gegenstand des Normtexts unmittelbar gleichzusetzen, weil dieser keinen unvermittelten Zugang zur Realität darstellt (Kratochwil 2014: 53). Wittgenstein stellt fest: „Jedes Zeichen scheint *allein* tot. *Was* gibt ihm Leben? – Im Gebrauch *lebt* es." (PU: §432, Hervorhebungen übernommen). Er führt dazu den Begriff des „Sprachspiels" ein, um zu verdeutlichen, dass der durch Familienähnlichkeiten, d.h. durch ein kompliziertes und in ständiger Bewegung befindliches Netz von Ähnlichkeiten geprägter *Gebrauch*, allein einem Begriff seine Bedeutung verleiht (PU: §§65-67). Rechtsbegriffe sind wie Wörter

[18] Wenngleich Kratochwil einen leicht anderen Zugang zu Wittgenstein wählt und auch Bezüge zu Hume eine zentralere Rolle einnehmen, kommen seine Beschreibungen internationalen Rechts dieser Arbeit wohl am nächsten.

insgesamt nur kraft ihrer Verwendung in Sprachspielen sinnvoll und nicht allein dadurch, dass ein Sprecher sich einer bereits feststehenden Bedeutung zuwendet (Savigny 2019: 52). Er mahnt deswegen, „Denk nicht, schau!" (PU: §66) und meint damit, keine theoretisch-abstrakten Definitionen zu bilden, sondern zu beobachten, wie ein Begriff tatsächlich gebraucht wird. Wenn wir über Substantive wie ‚die Norm' oder ‚die Kontestation' theoretisieren, führt uns der Definitionsversuch – und besonders in der Frage, welche Implikationen sich durch Kontestation für ‚die Norm' ergeben – in einen „geistigen Krampf", weil „wir spüren, dass wir auf nichts zeigen können, um sie zu beantworten, und dass wir gleichwohl auf etwas zeigen sollten. (Wir haben es hier mit einer der großen Quellen philosophischer Verwirrung zu tun: ein Substantiv lässt uns nach einem Ding suchen, das ihm entspricht)" (BB: 15). Zwar könnten wir auf den Normtext wie der UN-Charta zeigen und sagen ‚*das* ist die Norm'; wir hätten damit aber noch gar nichts gesagt, weil mit Verweis auf denselben Text unterschiedlichste Vorstellungen und Auslegungen verbunden werden können, dessen Richtigkeit sich gerade nicht an einem festen, *un*-interpretierbaren Kern messen lässt.

Für das Forschungsinteresse der Normkontestation wäre es deswegen nicht nur sprachlich missverständlich, Normen als dinghaft ‚existent' und damit sinnvoll in unabhängigen Variablen darstellbar zu verstehen, die daraus folgend möglicherweise geschwächt werden, sondern gerade ein Hindernis, mögliche Implikationen überhaupt zu untersuchen. „Sieh auf das Sprachspiel als das Primäre!" (PU: §656) ist deswegen Wittgensteins wiederholende Aufforderung und ließe sich hier dahingehend analog übertragen, danach zu *schauen,* wie Normen denn tatsächlich gebraucht werden: Wie wird eine Souveränitätsnorm gebraucht, was kennzeichnet das Sprachspiel der Souveränität, wenn Akteure kontestieren? Weil es ‚die Norm' in den IB nicht ontologisch als ‚Ding' gibt, kann es auch keine Trennung von Norm und dessen Anwendung geben; die geteilte Anwendung *ist,* was wir unter ‚der Norm' verstehen. Wenn Wittgenstein also von „regelgeleitetem" Gebrauch spricht, meint das keineswegs eine Vorstellung einer weiteren Regel, „die die Anwendung der Regel regelt" (PU: §84), weil auch für diese offene Fälle bestehen und man deswegen, folgt man dem Ideal eindeutiger Regelbestimmung, immer weitere Regeln formulieren müsste. An dieser Stelle entsteht ein scheinbares Paradox, weil ein solcher infiniter Regress, nachdem es einer unendlichen Folge weiterer Regeln bedürfen würde, einen Regelskeptizismus schlussfolgern lassen müsste und in Frage stellt, ob Regeln überhaupt ‚regeln' können (vgl.

Kripke 1987: 82): Wie können Normen etwas sozial Wirksames sein, wenn doch grundsätzlich *jede* Interpretation begründungsfähig ist? Stattdessen betont aber Wittgenstein, „Darum ist ‚der Regel folgen' eine Praxis" (PU: §202) und er vergleicht das Regelfolgen mit dem Beherrschen einer Technik (PU: §§150, 199). Wittgensteins Betonung des Praxischarakters eines Regelfolgens stellt also gerade nicht auf weitere Regeln der Anwendung ab (die in den IB ebenso wenig existent sind wie ‚die Norm'[19]), sondern auf eine soziale Praxis in dem Sinne, dass sie von einer Gruppe geteilt wird.

Die Analogie zum Völkerrecht bietet sich deswegen an, weil die Grundproblematik natürlich auch auf Rechtsbegriffe oder -sätze zutrifft. Völkerrechtliche Entscheidungsfindung – in internationalen Gerichten wie auch in der politischen Praxis beispielsweise im UN-Sicherheitsrat[20] – ist kein ‚Finden' von Fakten, sondern zeichnet sich durch ein an Kriterien orientiertes Begründen aus. Diese Kriterien ergeben sich aber nicht abgeschlossen aus dem Recht selbst, sondern aus international geteilten Rechtsauffassungen, einer „common practice shared by the competent performers in the field" (Kratochwil 2014: 55; Brunnée/Toope 2011: 109). Was zunächst als abstrakte theoretische Überlegung wirkt, wird in konkreten inneren Abläufen eines Rechtsstreits greifbar: Dass eine juristische Falllösung nicht mit Normtexten alleine auskommt, sondern sich auf zum Teil stark widersprechende Rechtsmeinungen beruft, wäre mit der Vorstellung eines festen Normkerns eine sachlich nicht begründbare – und paradoxerweise rechtstheoretisch hoch problematische, weil ebenfalls immanent negativ kontestierende – Praktik. Vor allem aber wird bereits ‚blind' und routiniert auf Interpretationen verschiedener Begriffe zurückgegriffen, über die sich Akteure in den seltensten Situationen jedes Mal bewusst vergegenwärtigen würden. Auch das wird mit Blick auf die Praxis des Rechts und des rechtlichen Argumentierens deutlich: Gerade ‚unbestimmte Rechtsbegriffe', die rechtstechnisch sogar *geplant* auf immanent offene Konzepte wie die ‚guten Sitten' oder ‚good faith' verweisen, müssten mit einem Normkernverständnis zu einem beliebigen Interpretieren verleiten. Denn offenkundig handelt es sich hier um eine Regel, die im Kern gerade unbestimmt ist und gewollt *nicht* durch das Recht selbst

---

[19] Vgl. dazu auch den Beitrag von Monica Hakimi (2020: 1506f.) für das ‚Customary International Law'.

[20] Vgl. Bogdandy/Venzke 2014, die den ‚Mythos' herausstellen, internationale Gerichte würden Recht lediglich ‚finden' und stattdessen verdeutlichen, wie sie durch Interpretation Recht ‚setzen' und multiple Funktionen in den IB einnehmen.

konkretisiert wird. Dass solche Begriffe in der Praxis des Rechts zwar einem stätigen Bemühen um Aktualisierung ausgesetzt sind, gerade dadurch aber oftmals wesentlich stabiler sind als vermeintlich klare Rechtssätze, sollte an einer zeitlich insinuierten Abfolge des Regelfolgens als kausaler Ursache für nachfolgendes Handeln, zweifeln lassen. Im Gegenteil *können* wir einem theoretischen Ideal insofern nicht gerecht werden, als wir keine finale Antwort einer ‚wirklich richtigen Normbefolgung' erreichen und deswegen an einen Punkt kommen an dem man „geneigt [ist] zu sagen: ‚So handle ich eben'" (PU: §217) und „Wenn ich einer Regel folge, wähle ich nicht. Ich folge der Regel *blind*" (PU: §219, Hervorhebung übernommen). Zwar könnte man Begründung hinter Begründung setzen und jede rechtliche Meinung über die Bedeutung rechtlicher Begriffe erneut revidieren, das ist aber nicht, was die Praktik des Regelfolgens ausmacht, noch braucht es eine solche finale Lösung: Es gibt keine finalen Begründungen, keinen festen Kern auf den wir zeigen könnten; wir handeln einfach, „we know what we are doing – and so does everybody else" (Kratochwil 2014: 57; vgl. auch Gustafsson 2004: 126f.). Wittgenstein verweist dafür auf das Beispiel des Wegweisers, der hier in Analogie zu einer rein theoretischen, aber eben keinen *praktischen Zweifel* auslösenden Unklarheit über die Verwendung (unbestimmter) Rechtsbegriffe verstanden werden kann:

> „Eine Regel steht da, wie ein Wegweiser – Läßt er keinen Zweifel offen über den Weg, den ich zu gehen habe? Zeigt er, in welche Richtung ich gehen soll, wenn ich an ihm vorbei bin; ob der Straße nach, oder dem Feldweg, oder querfeldein? Aber wo steht, in welchem Sinne ich ihm zu folgen habe; ob ich in der Richtung der Hand, oder (z.B.) in der entgegengesetzten? – Und wenn statt eines Wegweisers eine geschlossene Kette von Wegweisern stünden, oder Kreidestriche auf dem Boden liefen, – gibt es für sie nur eine Deutung? Also kann ich sagen, der Wegweiser läßt doch keinen Zweifel offen. Oder vielmehr: er läßt manchmal einen Zweifel offen, manchmal nicht. Und dies ist nun kein philosophischer Satz mehr, sondern ein Erfahrungssatz." (PU: §85).

Auch wenn mit einer grundsätzlichen Offenheit argumentiert wird, werden Normen dadurch nicht beliebig: „Unsre Regeln lassen Hintertüren offen, und die Praxis muss für sich selbst sprechen" (ÜG: §139). Das heißt gerade nicht, dass alles als rechtlich begründet zulässig wäre, sondern ist grundsätzlich als eine geteilte, gemeinschaftliche statt privater Praktik zu verstehen[21]. Allein der Gebrauch der Sprache [einer

[21] Vgl. der Unmöglichkeit privaten Regelfolgens bei Wittgenstein: PU §§256-271.

Norm] in alltäglichen Handlungszusammenhängen gibt an, wie sie zu verstehen ist und ist in diesem Sinne doch nicht beliebig sondern regelgeleitet insofern, als dass man Wörter und Sätze nur in einem bestimmten Zusammenhang einsetzen kann, man also die „Sprachspiele" kennen muss (PU: §§7, 655). Sprachspiele, weil sie sich auf intersubjektiv geteilte und sozial verbindliche Handlungsweisen beziehen [wir verwenden ein Wort, eine Norm *so* und nicht anders] sind zugleich Weltdeutungen und Konstituierung einer Wirklichkeit; Sprache ist eine Tätigkeit. Daraus folgt, dass ein Regelfolgen nur intersubjektiv in einer *Praxisgemeinschaft* denkbar ist, dessen Praktiken sozial sind, d.h. nicht auf bloßes Gleichverhalten reduziert werden können und die Regeln selbst nicht statisch sind.

Was die Bedeutung von Normen also letztlich bestimmt ist nicht der Normtext selbst, sondern das Sprachspiel indem es als geteiltes Verständnis der internationalen Gemeinschaft blind gebraucht wird: Und zwar *so* und nicht anders – *knowing how*, statt *knowing what* (‚die Norm') rückt in den Vordergrund. Wittgenstein konkretisiert sein Argument später und argumentiert,

> „Dies ist keine Übereinstimmungen der Meinungen, sondern der Lebensform. Zur Verständigung durch die Sprache gehört nicht nur eine Übereinstimmung in den Definitionen, sondern (so seltsam dies klingen mag) eine Übereinstimmung in den Urteilen. (…)" (PU: §§241, 243).

Eine solche ‚Sprache' des Rechts zu lernen und mit diesen über die Welt in einer bestimmten Weise zu reden, ist ein Teilnehmen an einer gemeinsamen Praktik, einer „geteilten Lebensform" (ähnlich Kratochwil 2014: 67). Überträgt man dieses sprachphilosophische Verständnis auf Normen und das internationale Recht[22], erscheint auch eine kausale Vorstellung stark reduzierend, weil impliziert wird, mit der Positivierung von Verträgen sei bereits ‚alles gesagt'. Zentrale Überzeugungen, d.h. also bestimmte Interpretationen, gelangen natürlich auch schon darin – und dem konkreten Prozess der ‚Entstehung' – zum Ausdruck[23]. Letztlich werden Normen aber *allein* darin geformt, wie sie in der konkreten Praxis gebraucht werden. Die Bedeutung liegt *im* Gebrauch selbst. Missverständlich wäre hier die Vorstellung etwas zeitlich Nachfolgendes, wonach die Norm feststeht und nur noch angewendet wird. Im Gegenteil, der Gebrauch selbst *ist*, was wir ‚die Norm' nennen.

---

[22] Zum Einfluss Wittgensteins auch auf die Rechtstheorie vgl. Herbert 1995.

[23] Und aus diesem Grund wird nicht widersprochen, dass der Blick auf Kommunika-tionsmodi für Überzeugungsprozesse hoch plausibel und nützlich ist.

Für Normkontestation muss deswegen der analytische Fokus auf das *Handeln* gelenkt werden. Der analytische Vorteil liegt dann darin, dass sich Sprachspiele in *jedem* Handlungsvollzug konstituieren: Praktiken sind insofern nicht statisch oder abgeschlossen – wie bei Brunnée/Toope kritisiert wurde – und lassen deswegen die Rekonstruktion zu, wie Normen in den internationalen Beziehungen gebraucht werden. Der Vorteil wird dadurch signifikant, dass nicht ‚gegen', sondern ‚mit' Kontestation geforscht werden kann, d.h. unmittelbar Implikationen untersucht werden, ohne dabei von Beginn an einen solchen Gebrauch als gegen etwas vermeintlich Bestehendes anlaufend zu verstehen (zu müssen). Genau dort liegt das zentrale Missverständnis der bisherigen Kontestationsforschung, die einerseits (überzeugend!) der grundlegenden konstruktivistischen Vorstellung von Normen als durch soziale Interaktion *konstruiert* folgt, sich dann aber andererseits (inkonsistent!) dieses ureigenen Argumentes selbst beraubt und Kontestation als die Herausforderung einer scheinbar ‚externen', d.h. eben nicht mehr konstruierten sondern ontologisch gesetzten Norm ‚out there' versteht. Genau diese selbst verursachte Irritation und Hindernis ‚to cope' mit Kontestationsprozessen wird durch ein Regelverständnis nach Wittgenstein überwunden, weil die Kontestation selbst als Teil einer Konstituierung dessen verstanden werden kann, was wir ‚die Norm' nennen. Insofern besteht nicht die Notwenigkeit, nach einer Schwächung ‚der Norm' zu suchen, die wir nicht untersuchen *können*, weil sie nicht ontologisch besteht (mit Wittgenstein: auf was sollen wir zeigen?) und schon gar nicht unabhängig davon besteht, wie Akteure sie gebrauchen und damit doch gerade erst konstituieren. Anstatt also den Normbegriff auf „dead language" zu reduzieren, wie es Wittgenstein ausdrückt, weil wir den Begriff von allem Sozialen abkoppeln, der ‚die Norm' erst zu ‚der' Norm macht, können wir schlicht *schauen*, wie Normen in den internationalen Beziehungen gebraucht werden, wenn wir irritiert darüber sind, welche Implikationen sich möglicherweise ergeben: Ändert sich denn das Sprachspiel der Souveränität in den IB und was sind (zwingend immer vorhandene!) Kontinuitäts- und Wandlungselemente? Zentral und zusammenfassend ist damit die Vorstellung eines „Flusscharakters" (ÜG: §§96-99) internationalen Rechts und Normen, die gerade wegen ihrer sozialen Konstruktion und grundsätzlich uns *nicht* unvermittelt – das heißt gerade *un*-interpretiert – begegnenden Form in einer *ständigen* Bewegung befinden. Den Normgebrauch als in einer *Praxisgemeinschaft* eingebettet zu verstehen, widerspricht dann auch nicht einem – durchaus zentralen – Kontinuitätselement des Rechts, weil es kein privates und damit kein willkürliches, sprunghaftes und schon gar kein sozial nichteingebettetes Regelfolgen geben kann. Jeder Gebrauch kann aber durchaus ein Sprachspiel erweitern oder verändern:

> „Die Mythologie kann wieder in Fluss geraten, das Flussbett der Gedanken sich verschieben. Aber ich unterscheide zwischen der Bewegung des Wassers im Flussbett und der Verschiebung dieses; obwohl es eine scharfe Trennung der beiden nicht gibt. (...) Ja, das Ufer jenes Flusses besteht zum Teil aus hartem Gestein, das keiner oder einer unmerkbaren Änderung unterliegt, und teils aus Sand, der bald hier bald dort weg- und angeschwemmt wird." (ÜG: §§97, 99).

Angeleitet wird damit die Analyse durch das beschriebene Sprachverständnis nach Wittgenstein und ließe sich darin zusammenfassen:

> „Die Schwierigkeit – könnte ich sagen – ist nicht, die Lösung zu finden, sondern, etwas als die Lösung anzuerkennen, was aussieht als wäre es erst die Vorstufe zu ihr. ‚Wir haben schon alles gesagt. – Nicht etwas, was daraus folgt, sondern eben *das* ist die Lösung!'" (Z: §314).

Danach zu fragen, wie denn eine Souveränitätsfrage im Kontext der Krimkrise gebraucht wird, ist das einzige Wissen, was wir in konstruktivistischer wie auch pragmatistischer Normenforschung ohne theoretische Widersprüche bekommen können, aber auch vollkommen ausreichend, um unsere Irritationen zu befriedigen. Wir brauchen keine doppelte metaphysische Interpretation, ob das, was wir rekonstruieren eine ‚Schwächung oder Stärkung' darstellt; wir haben unsere Irritationen bereits befriedigt und es bestehen keine mehr, die sich in der Praxis des Völkerrechts oder der Weltpolitik so auch nicht stellen würden. Natürlich *argumentieren* internationale Akteure mit möglichen ‚Schwächungen' des Völkerrechts, sie beziehen sich dabei aber auf bestimmte Interpretationen: Was aber sind denn Implikationen von Kontestationen? Ändert sich das Sprachspiel d.h. der Gebrauch von Souveränität und verwandten Normen?

Das hier zu Grunde gelegte Normverständnis ist also ein verwoben doppeltes. Es verweist einerseits entlang der Sprachphilosophie Wittgensteins auf ein genuin soziales Verständnis von Sprache (und Handeln!) und damit auch von Rechtsbegriffen bzw. ‚der Sprache des Rechts' und öffnet so den Zugang für sich ständig erneuernde Wissensbestände der Völkerrechtswissenschaft, insbesondere auch der Rechtsdogmatik. Andererseits, und damit verbunden, verweist es auch politikwissenschaftlich äußerst ertragreich auf die ‚Praxis des Regelfolgens' einer Praxisgemeinschaft und wie diese in Analogie zum Völkerrecht und Normen in den IB verstanden werden kann. Das integriert gegenseitig informierend IB- und völkerrechtliche Forschung, die sich zuweilen eher mit gegenseitigem Unverständnis begegnen. Es sollte deutlich geworden sein, dass sich auch völkerrechtlich orientierte Ansätze wie der von Brunnée/Toope mit zentralen Aussagen in einem hier angebotenen theoretischen Vokabular und Argumentationsweisen wiederfinden, ebenso wie (besonders praxistheoretische) Ansätze der IB-Normenforschung.

6. Forschungsvorhaben: Rekonstruktive Forschungslogik

Die bisherigen Ausführungen legen ein methodisches Vorgehen nahe, dass den Gebrauch einer Souveränitätsnorm im Kontext der Krimannexion rekonstruiert. Die Frage nach möglichen Implikationen eines solchen normkontestierenden Handelns wird mithin durch die Rekonstruktion beantwortet, wie konkret eine Souveränitätsnorm gebraucht wird und welche Kontinuitäts- und Wandelungselemente sich aufzeigen lassen. Die Arbeit verzichtet demnach explizit auf abgeschlossene striktkausale Kriterien, unter welchen Bedingungen eine bestimmte Implikation erwartet wird, die in einem hier zugrundeliegenden Normverständnis weder epistemologisch überzeugend sind, noch benötigt werden ‚to cope' mit der zugrundeliegenden Problemstellung. Weil ‚der Gebrauch' methodisch konkretisiert werden muss, wird nachfolgend auf die Methodologie der Grounded Theory in einer vom Pragmatismus geprägten Variante zurückgegriffen. Danach werden völkerrechtliche Überzeugungen rekonstruiert, also das, was im Wittgenstein'schen Sinne als das implizierte Wissen (*knowing how*) verstanden wird, eine Souveränitätsnorm *so* und nicht anders *blind* zu gebrauchen.

Dabei ist erneut zu betonen, dass der Fall nicht darauf reduziert werden kann, dass sich einzelne Akteure *per se* für oder gegen ‚die Souveränitätsnorm' aussprechen, sondern unterschiedlichste Überzeugungen dessen zugrunde liegen, was diese *ist*: Das lässt sich besonders pointiert an einer Sequenz aufzeigen, die aus einem Beitrag Russlands markiert wurde, C263 (Russia): „*We do not dispute the principle of the territorial integrity of States. It is indeed very important*". Was also sind die grundlegenden Gebrauchsformen bzw. Überzeugungen von Souveränität im Peircen Sinne? Welche Implikationen ergeben sich aus diesem, eine Souveränitätsnorm erst belebenden, Gebrauch im Kontext der Krim?

Ich nutze die Methodologie der Grounded Theory um (völkerrechtliche) „*beliefs*"[24] in Reaktion auf die Krimannexion bzw. die unterschiedlichen Aspekte des Gebrauchs zu rekonstruieren. Die Methodologie der Grounded Theory ist für das Forschungsvorhaben aus zwei Gründen besonders geeignet. Erstens, weil sie erlaubt, vielfältige Datenquellen systematisch sinnstiftend zu analysieren und Handlungsüberzeugungen zu rekonstruieren und miteinander in Beziehung zu setzen. Zweitens, und nicht marginal, weil die Methodologie den wissenschafts-

[24] Siehe dazu den nachfolgenden Abschnitt.

theoretischen und epistemischen Prämissen des Pragmatismus (zu denen auch Wittgenstein zweifelsohne zu zählen ist) besonders Rechnung trägt.

6.1 Epistemologischer und ontologischer Analyserahmen

Die wesentlich durch die amerikanischen Soziologen Anselm Strauss, Barney Glaser und später Juliet Corbin entwickelte Grounded Theory zielt auf die in Daten begründete Genese theoretischer Annahmen. Dabei wird auf ein mehrstufiges Kodierverfahren zurückgegriffen, das nicht darauf hinzielt, bestehendes theoretisches Wissen auf einen Fall zu übertragen, sondern abduktiv eigenständige Erklärungen zu entwickeln, die sich aus der Rekonstruktion empirischen Datenmaterials erst ergeben. Seit den ersten Entwicklungen in den 1960er Jahren ist die Grounded Theory dabei mindestens in drei Richtungen weiter ausformuliert worden, die sich zum Teil erheblich voneinander unterscheiden. Hier wird weitestgehend der Methodologie von Strauss und Corbin gefolgt, deren Variante maßgeblich beeinflusst ist durch die wissenschaftstheoretischen Prämissen des amerikanischen Pragmatismus. Grundgedanke ist es, textförmig protokollierte Spuren menschlicher Handlung zu rekonstruieren. Dafür wird auf die handlungstheoretischen Prämissen Charles Peirce aufgebaut, der sagt: „belief is a rule for action“ (Peirce 1997: 33). „*Beliefs*“ sind hier nicht als (normative) persönlich-individuelle Motive zu verstehen, sondern als bewusste oder unbewusste Handlungsregeln, die *Gründe* für ein Handeln bereitstellen: Das „*knowig how*“ im Sinne Wittgensteins (Kratochwil 2014: 50)[25]. Diese, so der zentrale Gedanke der Grounded Theory-*Methode*, können durch ein interpretatives Kodierverfahren rekonstruiert werden.

Epistemologisch zentral ist die Überlegung der Sprach- und Interpretationsabhängigkeit jeglicher und immer erst durch Sprache vermittelter menschlicher Wahrnehmung. Sowohl den klassischen Pragmatisten um Mead, Peirce und Dewey, als auch der nach Strauss und Corbin entwickelten Grounded Theory[26], ist die Kritik an einem positivistischen Wahrheitsverständnis und einer nomologisch-deduktiven Forschungsagenda gemeinsam. Sie stellen die Prämisse in Frage, die ‚Realität dort draußen‘ müsse in einem Forschungsprozess gleichermaßen bloß

[25] Die Unterscheidung ist insbesondere für die IB-Normenforschung zentral, wo „Überzeugung“ als Begriff vor allem im Kontext einer an Habermas orientierten Forschung gebraucht wird. Etwa Deitelhoff 2006: „Überzeugung in der Politik“.

[26] Zum Verhältnis von Peirce und Dewey zu Strauss und Corbin, vgl. besonders auch Strübing 2014: 41ff.

abgeschöpft werden, um zu objektiven Aussagen über die Welt zu gelangen. Vielmehr wird der Blick dafür geschärft, dass Sprache kein Mittel ist, um die vermeintlich objektiv wahrnehmbare Welt neutral beschreibend abzubilden, sondern Sprache selbst geradezu erst konstituiert, was *ist* (Kratochwil 2007: 10). Wenn wir die Welt(politik) in einem bestimmten Vokabular beschreiben, ist das immanent und immerzu eine interpretative Leistung. Davon ausgehend spiegelt sich pragmatistisches Denken in der Grounded Theory[27] vor allem in der Reflektion der Wissenschaftspraxis wider und lässt sich von der Annahme anleiten, „dass die Welt der Menschen von intersubjektiv geteilten Begriffen, Regeln und Ideen bestimmt wird, die als Folge gemeinsamen Handelns entstehen, bestätigt, verworfen und modifiziert werden." (Roos/Franke 2017: 10; vgl. ÜG: §§96-99). Wissenschaft selbst ist eine Praxis, die Wissen nicht einfach ‚findet' und deswegen keine objektiven Abbildungen der Welt in Theorien darstellen kann. Das greift aus einer pragmatistischen Sicht deswegen eindeutig zu kurz – und hier wird die zweite Prämisse pragmatistischen Denkens deutlich – weil sich das zu untersuchende Soziale selbst fortwährend und permanent entwickelt. Überzeugungssysteme (oder mit Peirce: *beliefs*) verändern sich permanent und dürfen mithin nicht als sozialwissenschaftliche ‚Fakten' behandelt werden.

Wenn also die Normenforschung beispielsweise plausibel einen Aushandlungsprozess nachzeichnen kann, der die Geltung einer Norm nahelegt und Erklärungskraft entfaltet, wäre es ein Missverständnis, „[to mistake] human laws for laws of nature" (Kratochwil 2018: 172). Ein Vertragsschluss wie auch die Praktik dessen, wie der Vertrag zu verwenden ist, ist weder Anfang noch Ende, sondern ein Ausschnitt verschiedener Interaktionsprozesse, die *immerzu* Kontinuitäten *und* Wandel unterliegen. Nimmt man diese Annahmen ernst, muss sich auf eine ständige Veränderung der sozialen Welt eingestellt werden und im Falle des *Zweifels* (Peirce 1997; Dewey 1981: 227) das ‚Wissen' der Wissenschaft überarbeitend und datenbasiert neu erworben werden. Das hat zur Folge, dass ein wissenschaftliches Ideal, sich durch den Forschungsprozess der ‚objektiven Wahrheit' immer weiter ein Stück zu nähern, deswegen fehlleitend ist, weil auch wissenschaftliche Erkenntnisse immer sprachabhängig und zudem immer nur temporäre und zwingend unvollständige Weltbeschreibungen sind (Strübing 2004: 47). Ziel kann es deswegen nicht sein, im Popper'schen Sinne

[27] Nachfolgend nehme ich zu Strauss/Corbin Beziehung, wenn ich von „der Grounded Theory" spreche.

endgültige und absolute Wahr- oder Falschaussagen (*Veri- und Falsifizierung*) zu generieren, die in abstrakten Generalisierungen und als Großtheorien möglichst kontextunabhängig erklären, was in der Welt vor sich geht. Forschung, so die wohl grundlegendste Prämisse der Grounded Theory, dürfe und könne sich gar nicht darauf reduzieren, in einem hypothesentestenden Rahmen, theoretische Annahmen verschiedener Großtheorien gegen vermeintlich objektiv wahrnehmbare Phänomene in der Empirie zu testen und einem Fall gleichermaßen nur noch ‚überzustülpen' und zu subsumieren. Das gilt sowohl für Theorien, die zur Erklärung eines eigenen Falls unter der Annahme von Erklärungskraft ‚ausgewählt' werden, als auch für eigens rein theoretisch entwickelte Theorieansätze, die dann empirisch ‚nur noch' bestätigt werden sollen.

Vielmehr ist das übergeordnete Anliegen der Grounded Theory hypothesengenerierend etwas bislang Unbekanntes und Unerwartetes zu Tage zu fördern (Strauss 1994), das interpretativ aus den Daten selbst rekonstruiert wird und auf diese stetigen Veränderungen kreativ reagiert. Damit verweist die Grounded Theory auf ein Vokabular, das wissenschaftstheoretische Begriffe wie „Hypothesen" nicht ausschließlich in einem positivistischen Sprachspiel verwenden muss, um für den Forschungsprozess nützlich zu sein: Soweit auch für eine aus ‚den Daten' gewonnenen Hypothese der Grundsatz der *Fallibilität* und der *Vorbehalt des Irrtums* im Sinne Rortys (1994) gilt, ist das Bilden von Hypothesen elementarer Bestandteil sozialwissenschaftlicher Forschung.

Aus beiden epistemologischen Kriterien (vgl. Jasper 2014: 36), der *generellen Sprachabhängigkeit* wissenschaftlicher (und alltäglicher) Erkenntnis und der daraus folgenden Akzeptanz einer *Unentscheidbarkeit von Wahrheitsansprüchen* über die Welt, folgt, eine rekonstruktive Forschungslogik einzuschlagen, die sich der Trennung der drei wissenschaftlichen Schlussverfahren Induktion, Deduktion und Abduktion bewusst entzieht und stattdessen wechselseitig berücksichtigt und nutzt (Strauss 1994: 33). Der Forschende soll eine „in Daten begründete" (*grounded*) eigenständige Erklärung entwickeln, die gerade darauf gerichtet ist, permanente Veränderungen mit Offenheit zu begegnen und damit ‚neues' in der Welt zu erkennen und mit neuem Vokabular beschreiben zu können. Damit ist keinesfalls ein regelloses Interpretieren ‚in privatim' und losgelöst von Kriterien der Wissenschaftsgemeinschaft gemeint, sondern es wird zu Charles Peirce' (1965: 186) Idee der Abduktion referiert. Peirce stellt fest, während „Induction consists in starting from a theory, deducion from it predictions of phenomena, and observing those phenomena in order to see how nearly they agree with the theory" (Peirce 1965: 404), sei es beiden Vorgängen nur sehr begrenzt möglich, *kreativ* neue Hypothesen zu formulieren (Ebd.: 90). Peirce schlägt deswegen Abduktion vor, als das Formulieren neuer, vorsichtiger Hypothesen, die einen Zweifel über Fälle auflösen können, die nicht bereits durch bestehende Hypothesen befriedigt sind:[28]

> „Abduction merely suggests that something may be. Its only justification is that from its suggestion deduction can draw a prediction which can be tested by induction, and that, if we are ever to learn anything or understand phenomena at all, it must be by abduction that this is to be brought about." (Ebd.: 106).

Auch für die so kreativ gewonnen Hypothesen gilt aber der Grundsatz der Fallibilität, die sich am Maßstab der *Plausibilität* und des *Bewährens* messen lassen muss. Damit kommt es der Grounded Theory wesentlich darauf an, solche „abduktiven Schlüsse" des Forschenden in einer weiteren Auseinandersetzung mit dem empirischen Material systematisch zu festigen und sukzessiv weiterzuentwickeln. Strauss schlägt dafür ein dreidimensionales Kodierverfahren vor: offenes, axiales und selektives Kodieren. Dabei handelt es sich wesentlich um ein verschieden gelagertes Interpretationsverfahren, das erste Ideen anhand eines permanenten Vergleichs mit weiteren Daten in Beziehung setzt und dadurch stetig ausbaut. Dabei muss der Forscher seine eigenen Überzeugungen und Erfahrungen nicht (und weder kann er es, noch ist es sinnvoll) gleichsam während des Forschungsprozesses hinter sich lassen und einen Blick ‚*from nowhere*' einnehmen[29], noch heißt das, das in einem ‚*everything goes*' jede Interpretation gleichermaßen Geltung und Plausibilität für sich beanspruchen kann. Vielmehr muss der Forschende darum bemüht sein, ein Vokabular im Sinne Rortys (1994) zu entwickeln, deren Güte sich nicht anhand abstrakter Wahrheitskriterien misst, sondern daran, dass eine daraus entwickelte Theorie eine *Community of Science* als plausibel und überzeugend akzeptiert wird

---

[28] Für die IB vgl. auch Friedrichs/Kratochwil 2009: 714, „Pragmatic Research Strategy"; ähnlich jüngst auch Wiener 2018: 13f.

[29] Dieser Eindruck wurde von Glaser und Strauss (1967: 37) selbst erweckt, wenn sie schreiben: „An effective strategy is, at first, literally to ignore the literature of theory and fact on the area under study, in order to assure that the emergence of categories will not be contaminated by concepts more suited to different areas." Die Ausdifferenzierung nach Strauss, der hier maßgeblich gefolgt wird, distanziert sich davon deutlich (Strauss 1994: 36; 2004: 41).

und uns diese befähigt, *besser* mit der Welt zurecht zu kommen (Peirce 1965: 186; Hellmann 2009).

6.2 Die Methode der Grounded Theory

Die Grounded Theory legt als Methodologie ein solches Kodierverfahren nicht als korsettartige Methode an die Hand, sondern betont, das Vorgehen dem eigenen Forschungsgegenstand kontextuell anzupassen. So formuliert Strauss:

> „Studieren Sie diese Faustregeln, wenden Sie sie an, aber modifizieren Sie sie entsprechend den Erfordernissen Ihrer Forschungsarbeit. Denn schließlich werden Methoden entwickelt und den sich verändernden Arbeitskontexten angepasst" (Strauss 2004: 437)

Das Verfahren ist in diesen ‚Kernelementen' des verschiedenartigen Kodierens dann aber insofern zwingend, als die Gütekriterien der Grounded Theory bestehen bleiben müssen.

Offenes Kodieren leitet den Interpretationsvorgang ein und zielt darauf ab, kreative, möglichst unvoreingenommene und zunächst sogar (und gerade!) unkonventionell erscheinende Lesarten an den Text ‚heranzutragen'. Entscheidend ist in diesem ersten Schritt das ‚freie Assoziieren' und eine große Offenheit gegenüber dem Datenmaterial. Das meint explizit nicht ein Spekulieren darüber, was ein Akteur möglicherweise „zum Ausdruck bringen *wollte*, sondern (…) welcher *intersubjektive Sinn* in der Sequenz zum Ausdruck gelangt" (Roos 2010: 103, Hervorhebung übernommen): Hiermit ließe sich zur verdeutlichenden Abgrenzung auch auf Wittgenstein Bezug nehmen, dem es anders als etwa Austin nicht um die Wirkung bei einem Publikum im Sinne eines perlokutionären Aktes ankommt, sondern auf „die Funktion, die ein Ausdruck aufgrund seiner sprachlichen Konvention hat" (Glock 2010: 125), der Zweck des Ausdrucks also selbst (PU: §§317, 345). Weil das offene Kodieren gerade keine theoretischen Vorannahmen anleitet, die dann im empirischen Material gesucht werden, ist Peirces Abduktionsmodus zentral: Es sollen vorsichtige Hypothesen plausibel formuliert werden, die erst später weiter verdichtet und gegebenenfalls überarbeitet werden. Textsequenzen – die hier bereits in Form von Protokollen des UN-Sicherheitsrates und anderen Dokumenten textartig vorliegen – werden hinsichtlich sich darin zum Ausdruck gelangenden Handlungsüberzeugungen mit möglichst präzise gewählten Code-Namen versehen. Dadurch entsteht in diesem ersten Schritt nach und nach eine Vielzahl von Codes, die erst später weiter geordnet, überarbeitet und verdichtet werden. Angeleitet wird das abduktive offene Kodieren sowohl durch – bewusst offene, aber den Interpretationsvorgang dennoch anleitende – Leitfragen, die in Hinblick auf das konkrete Forschungsinteresse disziplinieren sollen. Im vorliegenden Fall wäre beispielsweise der Gebrauch von „Souveränität" oder „territoriale Integrität" und seine Rolle und Zweck zentrale Aspekte. Um auf Peirce, aber auch Wittgenstein zurückzukommen: *Wie* werden sprachliche Ausdrücke gebraucht, in welchen Kontexten und Sprachspielen werden sie verwendet? Welches Vokabular gebrauchen die Akteure mit welcher (denkbaren) Bedeutung? Elementar ist hier das sprachphilosophische Verständnis Wittgensteins, nach welchem die Verwendung bestimmter Wörter keineswegs eine bestimmte Bedeutung immer schon klar determiniert, sondern sich die Bedeutung erst in einem spezifischen Kontext ergibt. Sich diesen Bedeutungen reflektierend zu nähern und unterschiedliche Lesarten plausibel abzuwägen, ist Gegenstand des ersten offenen Kodierens. Folgende Leitfragen leiten den ersten Kodiervorgang an:

- a) Auf welchen Aspekt/Eigenschaft von Souveränität bezieht sich die Sequenz?
- b) Wie wird der Souveränitätsbegriff gebraucht? Welche Ideen kommen zur Geltung, welche Überzeugungen drücken sich aus?
- c) Welche Erklärung/Interpretation scheint auf den ersten Blick plausibel, welche weiteren Interpretationen in Erscheinung tretender Überzeugungen lässt die Sequenz noch zu?

Im Sinne der Nachvollziehbarkeit und der Plausibilität werden parallel zum Kodieren Memos angelegt. Memos übernehmen die doppelte Funktion, die interpretativen Gedankengänge des Forschenden einerseits für andere zugänglich zu machen und damit erst Plausibilität herstellen zu können. Andererseits sind sie aber zwingende Bedingung weiterer Schritte des axialen Kodierens und um eigene Interpretationen weiter zugänglich überarbeiten zu können. Das impliziert, dass über den Kodiervorgang hinweg, vorherige Interpretationsweisen auch wieder revidiert oder angepasst werden können, die sich mit einer zunehmenden Dichte in einem Netz von interpretierten Sequenzen als weniger plausibel herausstellen als zunächst angenommen.

Die zweite Kodierdimension ist das *axiale Kodieren*, explizit aber nicht (unbedingt) als zeitlich nachgeordneter Schritt zu denken. Zwar ‚beginnt' die Kodierung zwingend mit dem offenen Abduktionsverfahren, im weiteren Verlauf erfolgt aber zudem ein paralleler und zunehmender Vergleich mit bereits bestehenden Codes. Während also zu Beginn des Kodierprozesses ausschließlich offen kodiert werden kann, weil noch keine theoretischen Vorannahmen bestehen, denen man Sequenzen zuordnen könnte, erfolgt genau dieses Zuordnen beim axialen Kodieren. Zwar wird weiter offen kodiert, auch um sich nicht vorschnell auf einige Hypothesen zu versteifen, neue Codes werden aber zunehmend in Beziehung mit bestehenden Codes und Kategorien gesetzt, um Neuigkeiten oder Konkretisierungen zu erreichen. Die verschiedenen Textsequenzen, die im offenen Kodieren noch mit einfachen Codes und dazugehörigen Memos versehen wurden, werden zu Beginn des axialen Kodierens zunächst ‚lose' in Kategorien zusammengefasst. Kategorien übernehmen hier die Funktion, ähnliche Aspekte in Ober- und Unterkategorien zu hierarchisieren. Dadurch entsteht in erster Linie eine Übersicht über verschiedene Aspekte und ordnet damit den weiteren Kodierverlauf. Neue Sequenzen aus weiterem Datenmaterial werden so im doppelten Maße interpretiert, nämlich im Abduktionsmodus weiterhin „offen", dann aber auch induktiv, das heißt vergleichend-zuordnend zu bereits gebildeten Codes. Deduktiv werden diese Codes aber auch immer wieder und fortlaufend hinterfragt, gegebenenfalls (im Abduktionsmodus) entsprechend überarbeitet und neue Sequenzen wiederholend zugeordnet und ergänzt. Das axiale Kodierverfahren ist damit wesentlich geprägt durch ein „In-Beziehung-Setzen" (Strauss/Corbin 1990) mit dem Ziel, ein immer dichter werdendes Netz von interpretierten Sequenzen zu verschiedenen Codes zu spinnen, was sich selbst nach und nach verdichtet, neu anpasst und stetig hinterfragt wird. Die obenstehenden Leitfragen werden hier ergänzt durch die Fragen:

- a) Wurden bereits Sequenzen zu diesem Aspekt von Souveränität gesammelt?
- b) Welche Aspekte sind neu, wo müssen bestehende Kategorien überarbeitet werden?
- c) Welche Aspekte sind ähnlich, lassen sie sich sinnvoll dem bestehenden Kodesystem zuordnen?
- d) Welche neuen Dokumente scheinen für ein weiteres Kodieren sinnvoll?

Ein methodisch durchaus umstrittener Teil der Grounded Theory Methode stellt das dritte Kodierverfahren, das *selektive Kodieren* dar. Strauss versteht darunter ein „systematisch[es] und konzentriert[es]" kodieren nach „Schlüsselkategorien" (Strauss 1994: 63) als die

Kategorien, „die alle übrigen Kategorien am ehesten zusammenhält“ (Strauss 2004: 448). Dieser Kodierschritt ist deswegen besonders häufig Gegenstand von Anpassungen, weil er sowohl mit Vor- und Nachteilen verbunden ist, die sich zudem je nach Forschungsvorhaben als das jeweils eine oder andere herausstellen können. Hierauf konzentriert sich insoweit auch die grundlegende Idee des theoretischen Samplings und das Feststellen einer hinreichenden Sättigung des Kategoriesystems (vgl. Strübing 2014: 29f, 33). Das soll es begründen, die Suche nach „neuen“ Lesarten zu Gunsten einer dann selektiven Subsumption weiteren Materials unter bestehende Kategorien einzustellen. Grundsätzlich ermöglicht das selektive Kodieren durch geradezu subsumptionslogisches Zuordnen weiteren Datenmaterials unter bereits *bestehende* Kategorien, ‚Schlüsselkategorien‘ systematischer zu sättigen. Das ist dann von Vorteil, wenn gerade ein solches Ergebnis dazu beiträgt, die Forschungsfrage ‚zugespitzter‘ zu beantworten. Dieser Vorteil ist dann aber logisch-zwingend zum Nachteil der Extensivität verbunden. Eine zentrale Kritik liegt darin, dass ein selektives Kodieren letztlich doch wieder in eine Subsumptionslogik verfällt. Ich werde diesen Kodierschritt sehr sparsam einsetzen, weil ein hier vertretendes Normverständnis davon ausgeht, mit der Rekonstruktion des Gebrauchs einer Souveränitätsnorm bereits alles gesagt zu haben. Vor allem aber übernimmt auch das axiale Kodieren bereits alle nötigen Integrierschritte, d.h. die Herausbildung zentraler Kategorien sowie alle Konkretisierungs- und Zuspitzungsschritte hin zu einer geradezu „zwingenden“ Lesart. Ein selektives Kodieren ist allein deswegen nicht überzeugend, weil ein subsumptionslogisches „Auffüllen“ den Zweck verfehlt: Hier geht es gerade nicht um *die Variable* der Implikationen von Normkontestation im Zuge der Krim, sondern um die Nuancen einzelner Verschiebungen. Auf *die* Variable, die am Ende dieser Arbeit auf *den* Wandel oder *die* zentrale Implikation hinweist, kann es kaum ankommen[30]. Auch das widerspricht der Praxis des Völkerrechts und marginalisiert die Bedeutung auch kleinerer Verschiebungen. Die Fokussierung der Normenforschung auf besonders einschlägige Ereignisse wie der Herausbildung einer neuen Norm oder dessen Erosion ist begründet, schneidet sich aber von einer Vielzahl bedeutender Entwicklungen ab. Zwar scheint das durch Kategorien von ‚Schwächung oder Stärkung‘ berücksichtigt zu sein, lässt aber eben doch ausschließlich offene Tendenzen zu ohne die nötige Konkretisierung, was Entwicklungen im

[30] Vgl. aber stattdessen Kapitel 9, wo das Rekonstruierte im Sinne Wittgensteins „im Zusammenhang“ aufgezeigt wird.

Völkerrecht genau kennzeichnen. Gerade für Kontestation ist aber ein sensibleres Arbeiten nötig, das in dieser Form eher von der Völkerrechtswissenschaft übernommen wird. Stattdessen werde ich am Ende dieser Arbeit in stark abgewandelter Form eine Schlüsselkategorienbildung als Schlussbetrachtung nachzeichnen, die sich auf das Aufzeigen ‚weicher', d.h. besonders zentraler Kategorien beschränkt. Hier soll also die Rück-Übersetzungsleistung erbracht werden, was Implikationen für das Völkerrecht „im großen Ganzen" auch in einem politikwissenschaftlichen Vokabular ausmachen.

6.3 Auswahl des Datenmaterials und „Theoretical Sampling"

Leitfrage d) des axialen Kodierens spricht zugleich eine weitere Dimension des Kodierverfahrens und eine wesentliche Eigenschaft der Grounded Theory insgesamt an. Anders als beispielsweise in der Diskursanalyse steht in der Grounded Theory das Datenmaterial nicht zwingend von Beginn an fest. Zwar startet das Kodieren mit textförmig protokollierten Spuren (hier u.a. Sitzungsprotokolle des UN-Sicherheitsrates), lässt aber einen flexiblen Freiraum, um das Datenmaterial im weiteren Arbeitsverlauf ‚sinnvoll' anzupassen: der Forscher „entscheidet, welche Daten als nächstes zu erheben sind und wo er diese finden kann" (Strauss 1994: 70). Für das vorliegende Forschungsvorhaben wird der Nutzen eines solchen Vorgehens besonders eindringlich deutlich: Wenn es um verschiedene Aspekte eines Gebrauchs einer Souveränitätsnorm geht, dann scheint es gewinnbringend, sich spätestens nach der Bildung erster fundierterer Hypothesen auch solche Dokumente anzuschauen, die geeignet sind, diese weiter zu überprüfen und zu festigen. Andere Quellen sind dann ebenso zulässige und möglicherweise sogar ertragbringender als eine ausschließliche Festlegung auf Protokolle des UN-Sicherheitsrats. Es ermöglicht aber zugleich eine systematische und gerade auf Grundlage von Zwischenergebnissen begründete Auswahl weiterer Sicherheitsratsprotokolle.

6.4 Konkretisierung der Grounded Theory Methode für das eigene Vorhaben

Ganz im Sinne der emanzipatorischen Empfehlung nach Stauss und Corbin passt diese Arbeit das methodische Verfahren der Grounded Theory in der Weise an das hier vorliegende Forschungsinteresse an, dass es eine bestmögliche Bearbeitung ermöglicht.

a) Für das offene Kodieren werde ich bei den Protokollen der UN-Sicherheitsratssitzungen beginnen, die auch im Konfliktverlauf unmittelbar einberufen worden sind. Neben den ständigen Vetomächten und den wechselnden nichtständigen Mitgliedern ist zudem die Ukraine in allen Sitzungen zwischen 2014 und 2019 eingeladen und äußert sich dort regelmäßig. Ein Kodierbeginn mit den protokollierten Sitzungen des UN-Sicherheitsrates wird damit begründet, dass dieser aufgrund seiner institutionellen Stellung im Gefüge der Vereinten Nationen einen autoritativen Ort völkerrechtlicher und politischer Interaktionsprozesse darstellt und auch im konkreten Fall der Krimannexion eines der ersten und kontinuierlichsten internationalen Foren ist, in dem es zu einer Aushandlung kommt. Zweitens spricht für einen solchen ‚Start' die zentrale Herausforderung der Arbeit, eine sinnvolle und möglichst ebenfalls aus den Daten begründete Eingrenzung vornehmen zu müssen. Weil es nicht möglich (aber auch nicht nötig) ist, sich sämtliche Reaktionen auf die Krimannexion und den sich in diesen zum Ausdruck gelangenden Souveränitätsverständnissen anzuschauen, dient das offene Kodieren zugleich auch zur Identifikation solcher Akteure, die dazu beitragen, ein breites Bild abzubilden. Dabei gilt die an Peirce orientierte theoretisch begründete und praktisch plausible Annahme, dass sich grundlegende Handlungsüberzeugungen in allen zu untersuchenden Sequenzen ausdrücken, weswegen eine in Daten begründete zwingend notwendige Einschränkung nicht automatisch mit einem Qualitätsverlust einhergeht. Mit dem hier zugrundeliegenden Normverständnis nach Wittgenstein ist eine solche Eingrenzung deswegen vereinbar, weil regelgeleitetes Handeln gerade nicht auf bloßes Gleichhandeln reduziert wird und insofern nicht *alle* Competent Performers einer Praxisgemeinschaft untersucht werden müssen, um einen geteilten Gebrauch zu rekonstruieren. Aufgrund dessen werden zunächst die ersten vier Sitzungen offen kodiert, die mit einem Resolutionsentwurf am 15.März 2014 pointiert wurden. Dieses erste offene Kodieren soll sowohl ein Bild über erste vorsichtige Hypothesen durch verschiedene Lesarten generieren als auch einen Eindruck über besonders stark beteiligte Akteure verschaffen. Eine weitere Einschränkung hinsichtlich der Akteure bleibt also zunächst explizit offen und würde sich erst nach einem ersten Kodieren auf solche Staaten vertieft konzentrieren, die die Rekonstruktion durch regelmäßige und markante Beiträge wesentlich prägen (vgl. Kapitel 7. Datenmaterial und Kodierschritte).

b) Erst danach würde sich in einem zweiten Schritt die Datenauswahl fokussiert erweitern, d.h. es werden eben diese Staaten offen kodiert, aber vertieft und konzentrierter. Den Sitzungen des Sicherheitsrates kommt dann weiterhin die Funktion zu, möglicherweise neue Aspekte durch ein offenes Kodieren rekonstruieren zu können und nicht ‚vorschnell' Festlegungen hinsichtlich bestimmter Akteure und Hypothesen zu treffen. Erst soweit sich im Verlauf des offenen Kodierens zunehmend Hypothesen herausbilden und Wiederholungen festgestellt werden, erfolgt die Auswahl systematischer. Und zwar ‚allgemeiner' und weiterhin offen für solche Staaten, die sich bislang nicht (aber möglicherweise im weiteren Verlauf) markant geäußert haben sowie für neu hinzukommende nichtständige Mitglieder und axial mit einer dann auch systematischeren Auswahl solcher Akteure, aus dessen Positionierungen bereits zentrale Hypothesen gewonnen wurden und jetzt verdichtet werden sollen. Das Vorgehen, stärker ‚entlang' der Protokolle des UN-Sicherheitsrates schafft insofern Struktur und trägt zur Systematik bei, als dass ein ständiger Wechsel der Zusammensetzung des Sicherheitsrates gleichermaßen ‚von sich aus' kontinuierlich neue Kontraste schafft.

7. Datenmaterial und Kodierschritte

Das Kodierverfahren hat insgesamt sechs Kodierschritte durchlaufen, in denen unterschiedliche Dokumente und Protokolle mit angepassten Leitfragen kodiert wurden. Über den Kodierprozess hinweg wurden 26 offizielle Statements, Reden und Sicherheitsratsprotokolle kodiert, aus denen insgesamt 524 Codes gebildet wurden. Das kodierte Material hat damit einen Umfang von 157 Seiten, die vollständig kodiert wurden, sowie weitere, die vollständig gelesen, von denen aber nur nach ausgewählten Akteuren 173 Seiten kodiert wurden. Das kodierte Material hat damit einen Gesamtumfang von 330 Seiten[31]. Der weit überwiegende Teil der Dokumente (22 von 26) sind offizielle und in englischer Sprache öffentlich zugängliche Protokolle des UN-Sicherheitsrates. Die übrigen Dokumente sind Reden, eine gemeinsame „Declaration on the Promotion on international Law" Russlands und Chinas von 2016 sowie verschiedene Statements vor dem International Court of Justice (ICJ).

7.1 Erstes offenes Kodieren

Im ersten offenen Kodieren wurden anhand der obenstehenden Leitfragen vier Sicherheitsratsprotokolle mit einem Gesamtumfang von 58 Seiten kodiert, die unmittelbar nach den ersten Ereignissen auf der Krimhalbinsel einberufen wurden und zugleich die erste Beschäftigung des Sicherheitsrates mit der Ukraine darstellen. Umrahmt wurde dieser einsteigende Kodierschritt von einem ersten Resolutionsentwurf, der mit einem Veto Russlands und einer Enthaltung Chinas in der vierten Sitzung abgelehnt wurde.

7.2 Zweites offenes Kodieren

Daraufhin wurden die unmittelbar nächsten Sitzungsprotokolle des UN-Sicherheitsrates weiter offen kodiert, insgesamt 3 Dokumente mit einem Umfang von 60 Seiten. Die Fortsetzung begründete sich sowohl mit fruchtbaren Ergebnissen des vorherigen Kodierschrittes, dessen noch offene Hypothesenbildung weitergeführt werden sollte. Zum anderen bezogen sich diese Sitzungen auch auf weitere Entwicklungen und stärker völkerrechtliche- statt sicherheitspolitische Streitpunkte und waren insofern geeignet, ‚neue' Aspekte hervorzubringen. Zu den gebildeten Codes wurde ein zunächst unabhängiges Kategoriensystem

31 Siehe Abb.1 im Anhang.

entworfen, was aufgrund der starken Überschneidung mit dem des ersten Kodierschrittes in dieses integriert wurde.

7.3 Erstes axiales Kodieren

Im dritten Kodierschritt wurde nach den dann 118 Seiten des offen kodierten Materials das erste Mal axial und kontrastierend kodiert: Sinnvoll erschien das aufgrund des starken Bezugs zur Kosovo-Entscheidung und der Rechtfertigung Russlands mit diesem „Präzedenzfall" im vorherigen Kodierschritt. Dafür wurden 3 Sicherheitsratsprotokolle aus 1999 sowie eines aus 2008 hinsichtlich zum Ausdruck gelangender Überzeugungen der Akteure USA, Frankreich, Großbritannien, Russland, China, Ukraine und Argentinien kodiert sowie zusätzlich die Statements Russlands, Chinas und vereinzelt Frankreichs im Advisory-Proceeding vor dem ICJ von 2009. Die Akteursauswahl erfolgte aus der bisherigen Kategorienbildung und für unterschiedliche Überzeugungen besonders beispielhaft auftretende Delegationen sowie der sich daraus ergebenden Irritation des Bezuges per se: Dabei kam es primär darauf an aufzuzeigen, wie die Kosovo-Entscheidung im Kontext der Krim (re-)interpretiert, also gebraucht wurde. Dazu wurde weiterhin auch eine Rede Putins von 2014 kodiert, in der ein solcher Bezug ausführlicher erfolgte als im Sicherheitsrat. Die neuen Leitfragen dieses Kodierschrittes lauteten: *Wie wird die Kosovo Entscheidung gebraucht? Welche Interpretationen werden gegeben und wie verhält sich diese zu den Begründungen zur Kosovo-Frage 1999 bzw. 2009? Welche Überzeugungen hinsichtlich verschiedener Aspekte von Souveränität (vgl. Leitfragen oben) drücken sich darin aus?*

7.4 Drittes (erneut) offenes Kodieren

Im dritten offenen Kodieren wurden zwei zeitlich anschließende Sicherheitsratssitzungen offen kodiert, mit gleichen Leitfragen der ersten beiden Kodierschritte. Auch dazu wurde zunächst ein unabhängiges Kategoriensystem entworfen, was in das bestehende System integriert werden konnte. Aufgrund der sich zunehmenden Festigung und ‚Sättigung' des Kategoriensystems wurden nachfolgende Sicherheitsratsprotokolle vor allem axial kodiert, siehe 7.5.

7.5 Zweites axiales (und offenes) Kodieren

Der vierte Kodierschritt diente erstens der weiteren Verdichtung und zweitens verstärkt dem Aufzeigen von Entwicklungen des Gebrauchs. Dafür wurden weitere 10 Sicherheitsratsprotokolle zwischen Ende

2014 und Anfang 2019 mit einem Umfang von 123 Seiten axial (aber weiter offen) kodiert: Und zwar *einerseits* die Beiträge der ausgewählten Akteure USA, Frankreich, Großbritannien, Russland, China, Ukraine, Argentinien, Litauen, die das bestehende Kategoriensystem maßgeblich geprägt haben und auch die Debatten im Sicherheitsrat anführen; *andererseits* werden weiter offen auch solche Beiträge der neu hinzukommenden Delegationen kodiert. Letzterer Schritt wurde im Sinne der weiteren ‚Offenheit' vorgenommen und der dadurch nicht unwahrscheinlichen Möglichkeit, neue Aspekte und Überzeugungen[32] rekonstruieren zu können. Zusätzlich erfolgte in diesem Kodierschritt auch die (vollständige) Kodierung der gemeinsamen Deklaration Russlands und Chinas „on the Promotion on international Law" aus 2016, die ebenfalls verdichtende Funktionen hatte und als zentrales Dokument nicht ignoriert werden sollte. Durch die abnehmende Anzahl gebildeter Codes wurde das Kodieren nach diesem Schritt beendet.

Die nachfolgende Präsentation erfolgt nicht chronologisch entlang dieser Kodierschritte, sondern stellt die Ergebnisse im Ganzen dar. Das wird damit begründet, zum Ausdruck gelangende Überzeugungen systematischer und damit verständlicher, sowie die aufeinander aufbauenden und miteinander verwobenen Kategorien in ihren Beziehungen darstellen zu können. Die gestellte Forschungsfrage nach Implikationen normkontestierenden Handelns können auf diese Weise besser aufgezeigt werden. Daraus wurde folgendes graphisches Kategoriensystem erstellt:

[32] Für eine Übersicht aller Kodierschritte und den ausgewählten Dokumenten, siehe Abb.1. und Abb.2.

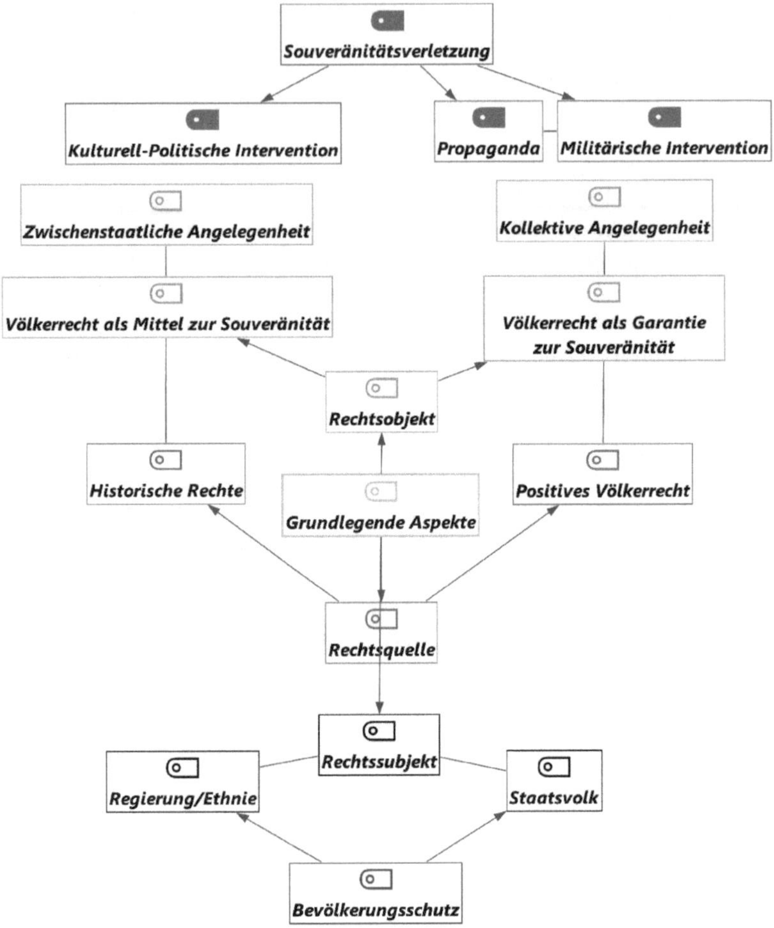
Souveränitätsverletzung
Kulturell-Politische Intervention
Propaganda
Militärische Intervention
Zwischenstaatliche Angelegenheit
Kollektive Angelegenheit
Völkerrecht als Mittel zur Souveränität
Völkerrecht als Garantie zur Souveränität
Rechtsobjekt
Historische Rechte
Grundlegende Aspekte
Positives Völkerrecht
Rechtsquelle
Rechtssubjekt
Regierung/Ethnie
Staatsvolk
Bevölkerungsschutz

8. Das Sprachspiel der Souveränität im Kontext der Krimannexion 2014-2019

In diesem Kapitel werden die Befunde der Grounded Theory Analyse vorgestellt und wo sinnvoll, auch auf den Herausbildungsprozess dieser verwiesen. Im Sinne des Normverständnisses mit Wittgenstein, wonach es auf Kontinuitäten *und* Wandel (bzw. Verschiebungen) ankommt, sind die nachfolgenden Abschnitte aufeinander aufbauend zu verstehen. Während unter 8.1 vor allem zu differenzierende grundlegende Gebrauchsweisen völkerrechtlicher Normen im Vordergrund stehen, rücken die Implikationen unter 8.2 wesentlich stärker in den Vordergrund. Beide Teile nehmen aber wechselseitig Bezug zueinander. Eine Gesamtdarstellung erfolgt sodann in Gestalt ‚empirischer' und ‚theoretischer' „Schlüsselkategorien" im abschließenden 9. Kapitel.

8.1 Grundlegende Aspekte

Mit der Kategorie *Grundlegende Aspekte* wurden solche Codes zusammengefasst, in denen grundlegende Überzeugungen hinsichtlich verschiedener Aspekte einer Souveränitätsnorm zum Ausdruck gelangten. Sie ließen sich auch als zu differenzierende Völkerrechtsverständnisse verstehen. Die Überzeugungen dieser Kategorie sind zunächst allgemein und werden erst durch die nachfolgenden Kategorien konkretisiert, gleichwohl aber so grundlegend, dass dies auf alle weiteren mit ausstrahlt. Eine solche Kategorienbildung wurde nahegelegt durch den kontinuierlichen Streitpunkt über eine angemessene völkerrechtliche wie politische Einordung der Situation und der darin verschieden gebrauchten Anknüpfungspunkte auf „Prinzipien des Völkerrechts" in Form der UN-Charta (Artt. 1,2), unterschiedlichen Gebrauchsweisen ethnischer und historischer Kontexte sowie der Bezugspunkte hinsichtlich der Frage, wessen Souveränität verletzt oder schützenswert sei. Um die gebildeten Codes zu sortieren, wurden drei Unterkategorien gebildet: *Rechtsobjekt*, als der zum Ausdruck gelangende grundlegende Zweck einer Souveränitätsnorm, *Rechtssubjekt* mit der Frage, wem diese dient bzw. wer konkret Subjekt mit Rechten und Pflichten sei, sowie *Rechtsquelle* als die als legitim erachteten Interpretationsbezüge verschiedener Begründungen eines Souveränitätsrechts.

8.1.1 Rechtsobjekt

Die erste Unterkategorie wurde *Rechtsobjekt* genannt und umfasst die (äußerst verschieden) rekonstruierten Überzeugungen hinsichtlich des

‚Sinn und Zwecks' einer Souveränitätsnorm in denen zum Ausdruck gelangt, wozu diese eigentlich dient. Dafür wurde weiterhin zwischen den Subkategorien *Mittel zur Souveränität* und *Garantie zur Souveränität* als zwei abweichenden Überzeugungen unterschieden. Was begrifflich nur marginal unterschiedlich erscheint und wofür sich auch die Akteure argumentativ jeweils schlicht auf „die Souveränität" berufen, ist anhand der gebildeten Codes aber deswegen sinnvoll zu differenzieren, weil sich zwei fundamental unterschiedliche Völkerrechtsverständnisse ausdrücken: Einerseits eine Souveränitätsnorm als immanentes Recht eines Staates, eben diese vor Einmischung in externe sowie interne Beziehungen zu verteidigen (*Mittel*); andererseits eine Souveränitätsnorm als durch die internationale Gemeinschaft erst begründet und damit einer kollektiv eingebetteten *Garantie* zur Wahrung dieser. Darin inbegriffen sind zwei sich diametral gegenüberstehende Überzeugungen hinsichtlich der grundlegenden Wirkrichtung einer Souveränitätsnorm, die sich auch als staatszentriertes oder multilaterales Völkerrechtsverständnis umschreiben ließen.

8.1.1.1 Souveränitätsnorm als Garantie zur Souveränität

Die erste Subkategorie *Garantie zur Souveränität* ist insofern ‚vorherrschend', als die hier zusammengetragenen Überzeugungen den weit überwiegenden Mitgliedern und Gästen des UN-Sicherheitsrates zu Grunde lagen. Zentrale Staaten waren hier EUropäische, die USA, die Ukraine aber auch Ruanda oder Australien[33]. Diese Subkategorie zeichnet sich wesentlich durch die Überzeugung aus, Völkerrecht und Souveränität in einer kollektiv eingebetteten Struktur der internationalen Gemeinschaft zu verstehen. Danach ist das Rechtssubjekt einer Souveränitätsnorm (wie unten dargestellt, *8.1.2 Rechtssubjekt*) zwar durchaus der einzelne Staat. Diese zustehenden Souveränitätsrechte werden aber durch die internationale Gemeinschaft geradezu erst konstituiert, nämlich dadurch, dass es von dieser kollektiv *garantiert* wird. Hier lässt sich sinnvoll von einem multilateralen Völkerrechtsverständnis

[33] Hier wäre nochmals darauf hinzuweisen, dass es nicht auf Repräsentativität ankommen kann. Die hier rekonstruierten Überzeugungen sind den verfügbaren Sequenzen entnommen und damit solchen (zumindest ständig wechselnden) Staaten, die eine mindestens teilnehmende Rolle im Zuge des Krim-Konfliktes und dessen Aushandlung (vor allem) im UN-Sicherheitsrat oder der UN-Generalversammlung eingenommen haben. Auch die Auswahl der Akteure erfolgte also entlang des Materials. Das ist mit guten Gründen kritisierbar, wird für das hier zugrundeliegende Forschungsinteresse und unter Machbarkeitskriterien aber als ‚hinreichend' verstanden.

sprechen, das eine Souveränitätsnorm nicht bloß als individuelle Zuteilung einzelner Souveränitätsansprüche an verschiedene Rechtssubjekte versteht, sondern sich diese gegenseitig aktiv garantieren: Damit ist die Wirkrichtung staatlicher Souveränität kein rein nach außen gerichtetes individuelles ‚Abwehrrecht' und Völkerrecht insgesamt wird in einem breiteren, in der internationalen Gemeinschaft eingebetteten Kontext verstanden.

Die hier verwendete Beschreibung als „kollektiv eingebettet" ist so zu verstehen, dass bereits der fundamentale Zweck einer Souveränitätsnorm – und damit auch das Rechtsobjekt, über das die Rechtssubjekte (die Staaten) verfügen – nicht als ein System sich gegenüberstehender und konkurrierender Einzelrechte verstanden wird, sondern als sich gegenseitig bedingend. Damit wird mithin auch die internationale Gemeinschaft als der zentrale Ort des Völkerrechts – anstatt der einzelnen Staaten – betont. Souveränität steht den einzelnen Staaten zu, ist aber ein kollektives Gut. In den Sequenzen drückt sich das konkret dadurch aus, in der Souveränitätsverletzung eines Staates zugleich eine Verletzung internationalen Rechts *selbst* zu sehen, dem zudem auch eine eigene Autorität zugesprochen wird. Aus einer solchen grundlegenden Überzeugung wird dann auch erst einer „Verantwortlichkeit" zum kollektiven Schutz einer Souveränitätsnorm eine sinnvolle Stellung eingeräumt und eine Obliegenschaft zum Nachkommen völkerrechtlicher Prinzipien konstruiert: Eine kollektive, statt bilaterale Angelegenheit.

Dass neben der Verletzung von Souveränitätsrechten der Ukraine in erster Linie auch ein Bruch mit internationalem Recht selbst gesehen, und damit verbunden, der Konflikt zu einer kollektiven Aufgabe erklärt wird, gelangt in allen kodierten Dokumenten kontinuierlich immer wieder zum Ausdruck (u.a. C8a, C83, C169, C172, C200, C271, C329, C506)[34]. Als Beispielcode für diese Subkategorie wurde der Code C8a (Ukraine) verwendet:

> „*The Russian Federation has brutally violated the basic principles of the Charter of the United Nations, obliging all Member States, inter alia, to refrain from the threat or use of force against the territorial integrity or political independence of any State.*"

und später durch eine ähnliche Sequenz der litauischen Delegation ergänzt:

[34] Für die Zuordnung der mit „C" markierten Codes, siehe Abb.2 im Anhang.

C329 (Lithuania): „*One country appropriating at will a part of a neighbouring country is a profoundly disturbing signal to everyone that, once again, territories are up for grabs and that the international norms guaranteeing the sovereignty, territorial integrity and the inviolability of States can be rewritten by force. Who will be next?*".

Zu ersterem wurde das Memo gebildet: „Memo: Die Sequenz legt eine Lesart nahe, die besonders den Bruch gegenüber der UN-Charta selbst nahelegt. „Basic principles", „Charter of the UN", „all Member States" und „of any State" legt den Schluss nahe, mit einer Verletzung der „territorial Integrity" gleichermaßen gegen etwas Kollektives, Gemeinschaftliches und Multilaterales zu verstoßen. Die Sequenz bezieht sich auf die Eigenschaft von territorialer Integrität als etwas staatenübergreifendes mit eigener Autorität. „Brutally violated" betont zudem die Bedeutung als etwas Existenzielles. Eine Lesart, territoriale Integrität habe als Teil des Völkerrechts (und besonders einer Souveränitätsnorm) einen Wert an sich, scheint besonders plausibel. (…)".

In einer solchen Überzeugung wird eine doppelte Verletzungshandlung konstruiert: gegen den Souveränitätsträger Ukraine und gegen das Völkerrecht selbst. Beispielhaft wäre hier auf C168 oder C101 zu verweisen:

C168 (United Kingdom): „*That action is against the expressed wishes of the legitimate Ukrainian Government. It is a clear and unambiguous violation of the sovereignty, independence and territorial integrity of Ukraine, and is a flagrant breach of international law.*";

C101 (Lithuania): „*Lithuania strongly condemns the clear violation by the Russian Federation of the sovereignty and territorial integrity of Ukraine. The military actions we are witnessing on Crimean soil defy the fundamental principles of international law (…). This blatant breach of the Charter of the United Nations has no place in the twenty-first century*".

Großbritannien bringt das auf den Punkt, wenn mit Bezug auf die Resolutions-Vetoierung bereits eine solche russische ‚Nicht-Handlung' zur internationalen Ahndung jeglicher Infragestellung ukrainischer Souveränität auf der Krim formuliert wird[35]: C271 „Russia has vetoed the Charter of the United Nations". Auch Frankreich formuliert sehr ähnlich und betont die existenzielle Grundlegenheit dessen, C300 „*I would call it the DNA of the Organization. As I stated on Saturday (see*

[35] Und das zu einem Zeitpunkt, zudem eine solche Verletzungshandlung noch nicht unmittelbar Russland selbst zugerechnet wurde bzw. werden konnte.

S/PV.7138), by voting against the draft resolution, it is the Charter of the United Nations that Russia has in effect vetoed". Das legt die Lesart nahe, ein Souveränitätsrecht der Ukraine grundsätzlich nicht als ‚Einzelrecht' zu verstehen, weil ansonsten das kollektive Element unerfasst bliebe: Einer Verletzungshandlung ist nicht bilateral, sondern kollektiv zu begegnen, z.B. wie in einer weit späteren Sitzung deutlich wurde:

> C520 (USA): „*We do not, and will not, recognize the Kremlin's purported annexation of Crimea. We will never accept anything less than the full restoration of Ukraine's control over its own territory*";
>
> C163 (Ukraine): „*There is no reason for that aggression; there are no grounds for it. It is absolutely and entirely unacceptable*";
>
> C322 (Australia): „*In conclusion, we are obviously at a critical point for Ukraine and the region and for the integrity of the rules-based international order itself. All Member States have a direct interest in the preservation of that order.*"

Die Interpretation, Souveränität grundsätzlich in eine internationale Gemeinschaft eingebettet zu verstehen, wird letztlich auch darin sinnvoll, wie die Ukraine sogar eine Verpflichtung dieser Gemeinschaft sieht, sich souveränitätsschützend zu verhalten:

> C296 (Ukraine): „*Accordingly, I assert that, on the basis of customary norms and international law, the international community is obliged not to recognize Crimea as a subject of international law, or any situation, treaty or agreement that may arise or be achieved by that territory.*"

‚Verantwortung' in diesem Sinne wird nur aus einem Souveränitätsverständnis sinnvoll, das die internationale Gemeinschaft als zentralen Ort von Souveränität (und des Völkerrechts insgesamt) konstituiert; denn eine Überzeugung, Souveränität als immanentes Recht eines einzelnen Staates zu verstehen, zwar bilaterale Kollisionen, nicht aber eine solche kollektive Verantwortung begründen könnte. Der Ukraine kommt als anerkanntem UN-Mitglied Souveränitätsrechte zu, die sich indes durch eben diese Anerkennung und Garantie der internationalen Gemeinschaft ergeben. Rechtsobjekt sind mithin kollektiv zugestandene Souveränitätsansprüche. ‚Zweck' ist demnach, Rechtssubjekt durch die Garantie der internationalen Gemeinschaft sein zu können: Kollektiv für individuellen Staat. Damit ließe sich diese Subkategorie wesentlich durch die Überzeugung kennzeichnen, Souveränität stellt ein Gemeingut dar, das insofern nicht unabhängig von dieser Gemeinschaft besteht (vgl. *8.1.3 Rechtsquelle*). Entsprechend kommt auch dem Begriff der

„responsibility" eine zentrale Funktion zu, dessen Verwendung auf zwei zentrale Aspekte schließen lässt: Einerseits wird eine Souveränitätsnorm in der hier rekonstruierten Überzeugung *überhaupt* mit einer Verantwortungsidee verbunden, nachdem die Verletzung der Rechte eines Rechtssubjekts zugleich mit der Verantwortung einhergeht, kollektiv reagieren zu müssen. Dass Verantwortung eine Stellung im Völkerrecht einnimmt, hat insofern ausschließlich in einem solchen Sprachspiel eine sinnvolle Bedeutung, weil Souveränität hier als erst durch die internationale Gemeinschaft anerkannt und dadurch konstituiert, bei Infragestellung auch kollektiv verteidigt werden muss. Andererseits wird aber nicht nur das verletzte Recht eines Staates geahndet, sondern der Verstoß gegen die kollektive Garantie selbst. In den Sequenzen hat sich das immer wieder sehr direkt ausgedrückt, beispielsweise wenn Großbritannien darauf hinweist, im Sinne des Völkerrechts sei es notwendig, „*to fulfil obligation[s] under the Charter of the United Nations*" (C329) oder Litauen betont, „*Such violations of international Law must also entail international responsibility.*" (C105). Der Begriff der „obligation" wird dahingehend gebraucht, die Verpflichtung jedes UN-Mitglieds in der Einhaltung der UN-Charta zu betonen, und bezieht sich sowohl auf die Verantwortung der internationalen Gemeinschaft für ein Mitglied, dessen Rechte zu wahren, als auch auf eine Verantwortung, die unmittelbar gegenüber dem internationalen Recht als solches bestehe (C105). Diesem kommt eine eigene Autorität zu, die dann auch einen Bruch zu einer kollektiven, statt bilateralen Angelegenheit werden lässt.

Sehr konkret drückt sich das beispielsweise darin aus, welche Funktionen den Vereinten Nationen und besonders dem Sicherheitsrat zugeschrieben werden und wie Delegationen, dessen Überzeugungen in dieser Kategorie zusammengefasst wurden, Sanktionen als Mittel internationaler Rechtsdurchsetzung bewerten. So wird eine internationale Beobachtermission insbesondere von eben solchen Staaten vermehrt und wiederholt gefordert (u.a. C9, C119, C252) und auch dem ersten Entwurf einer Resolution wird als Verteidigung internationalen Rechts, geradezu ‚aus Prinzip' zugestimmt. Das gelangt besonders in den Sequenzen C281-C294 zum Ausdruck, wo es nahezu wortidentisch in den Beiträgen u.a. der Delegationen Litauens, Chile, Australien, dem Chad, Südkorea, Frankreich sowie der USA heißt, „*[We] voted in favor (...) because it reflects the principles embodied in the Charter of the United Nations*" und „*to respect the unity and terrorial integrity of Ukraine*". Insofern sind Sicherheitsratsresolutionen, Sanktionen und internationale Beobachtungsmissionen immanente Mittel in einer solchen grundlegenden Überzeugung von Souveränität, weil sie kollektiv etwas kollektiv Garantiertes durchsetzen und damit als legitim gelten können.

8.1.1.2 Souveränitätsnorm als Mittel zur Souveränität

Dem gegenüber zeigen sich insbesondere bei Russland und China, aber auch bei Argentinien, Venezuela und Angola andere Überzeugungen, die unter die Subkategorie *Mittel zur Souveränität* zusammengetragen wurden. Die darin zum Ausdruck gelangten Überzeugungen unterscheiden sich zur vorherigen Subkategorie maßgeblich darin, dass eine Souveränitätsnorm der UN-Charta wesentlich restriktiver ausgelegt und als ‚Mittel' verwendet wird, eigene Souveränität gegenüber kollektiven Einmischungen jeglicher Art gerade zu verteidigen. Hier wird derselbe Normbezug auf die UN-Charta in der entgegengesetzten Wirkungsweise gebraucht, nämlich explizit nicht als kollektiv eingebettetes und garantierendes Recht, sondern als von einer solchen kollektiven „Interference" (C132, C208, C222, C350, C458) in interne und externe Beziehungen abwehrende Verwendungsweise. Die hier verwendete Beschreibung „Mittel zur Souveränität" soll verdeutlichen, dass staatliche Souveränität als immanentes Recht eines Staates verstanden wird, damit eine absolute und unteilbare Stellung einnimmt und mithin auch als ausschließlich zwischenstaatliches Recht verstanden wird. Das drückt sich konkret darin aus, dass Russland wie auch China oder Argentinien den bilateralen bzw. „internen" Charakter der Krimkrise betonen, und sich jede Form internationaler Einmischung nichtbeteiligter Akteure verbieten:

> C493 (Russia): „*As the Council is aware, we were not here to discuss the issue of Crimea. That is because that is a domestic affair of the Russian Federation.*"; C458 (Russia), „(...) *the internal Ukrainian crisis*";
>
> C468 (China): „*The crisis in Ukraine is rooted in complex historical facts and contemporary causes. A fundamental solution of the Ukrainian issue lies in fully taking into account the legitimate rights and aspirations of all regions and ethnic groups of Ukraine*".

Damit liegt der zentrale Ort, an dem eine Souveränitätsnorm in einer hier beschriebenen Überzeugung hinsichtlich des grundlegenden Zwecks zur Geltung kommt, auch nicht innerhalb der internationalen Gemeinschaft, sondern exklusiv beim einzelnen Staat als Rechtssubjekt. (Nur) Zwischen diesen Rechtssubjekten mediiert das Völkerrecht, es besteht gerade keine kollektive Einbettung. Insgesamt lässt sich von einer Skepsis gegenüber dem Völkerrecht sprechen, die sich sowohl in der grundlegendsten Konzeption von Souveränität als primär zwischenstaatliche, statt multilaterale Angelegenheit ausdrückt, als auch in den Mitteln, die als legitim bewertet werden.

Grundlegende Überzeugung ist hier, politische, wirtschaftliche und ethnisch-kulturelle Einmischung durch einen Souveränitätsanspruch unterbinden zu können. Völkerrecht wird vor diesem Hintergrund insgesamt als ein Mittel verstanden, solche ureigenen Rechte zu verteidigen. Souveränität wird als unteilbares, durch keine konkurrierenden Prinzipien durchbrechbare Grundlage verstanden, auf dem das Völkerrecht erst weiter aufbaut. Dass davon gerade nicht nur militärische Eingriffe, sondern auch wirtschaftliche und politische umfasst sind, verdeutlicht die Priorität staatlicher Souveränität umso mehr: Typischerweise wird immer wieder der Dreischritt aufgezählt, militärische, wirtschaftliche und politische Einmischung sei von einer Souveränitätsnorm geschützt:

> C469 (Venezuela): „(…) *there should be no interference in matters under the domestic jurisdiction of States, be they military, political or economic*";
>
> C356 (Argentina): „(…) *uphold the purposes and principles of the Charter of the United Nations, in particular that of non-intervention – be it military, political or economic – in the internal affairs of other States. We understand that the actions of any State or international organization must show due respect for Ukraine's management of its internal affairs and its future.*";
>
> C434 (China) „*First, China adheres consistently to the principle of non-interference in other countries' internal affairs and respects the sovereignty and territorial integrity of all countries*".

Noch deutlicher wird Argentinien, wenn bereits die Kommentierung der späteren Parlamentswahlen in der Ukraine durch die internationale Gemeinschaft als solche kritisch gesehen wird:

> „*With regard to the election process of last Sunday, Argentina, as a matter of principle and of general policy, does not comment on the results of elections, which are by their very nature under the exclusive jurisdiction of each State. We reiterate that due respect must be paid to Ukraine's conduct of its internal affairs, without any type of interference or intervention, be it military, political or economic, in matters that are under its own jurisdiction. Argentina respects the decision of the people of Ukraine.*" (C436).

Souveränität wird hier als unteilbares Grundprinzip verstanden, für dessen Überschreitung eine Schwelle nicht nur äußerst sensibel ist, sondern grundsätzlich *legitim nicht* bestehen *kann.*

Ein solches Ergebnis der Codebildung erscheint zunächst banal, ist aber deswegen fundamental, weil es die Standards setzt, vor dessen Hintergrund die nachfolgenden Kategorien, insbesondere die Schwellen für legitime Souveränitätseingriffe oder akzeptierter Völkerrechtssubjekte, aber auch zulässige Rechtsquellen und Auslegungsweisen, im Peircen Sinne sinnvoll werden. Konkret zeigte sich das in den Sequenzen darin, erstens einer Souveränitätsfrage einen grundsätzlich bilateralen Charakter zuzuweisen, der den Krimkonflikt mithin auch zu einer zwischenstaatlichen und gerade nicht internationalen Angelegenheit rahmt. Zweitens wird auch der internationalen Gemeinschaft und den UN-Institutionen eine passive Rolle zugewiesen, die zur zwischenstaatlichen Konfliktbeilegung mediieren soll, nicht aber selbst aktiv wird. Das gelangt bereits durch verschiedene Handlungen innerhalb der ersten Sicherheitsratssitzungen zum Ausdruck, beispielsweise im Auftreten der chinesischen Delegation und einer wiederholten fundamentalen Kritik Russlands an dem offenen Format und dem Verfahren der kollektiven Beteiligung:

> C10 (Russia): „*I would like to express my sympathy to you, Madam President*[36]*, because under your presidency we have just wasted two hours discussing the format for this meeting. We agreed that only three people would speak in an open format* (...) *some of my Security Council colleagues already intend to depart from that agreement, but what can we do when there is a game without rules?*"

und in einer späteren Sequenz: „*Some others [the Delegations] simply tried to claim a role in this crisis. For them, it seems to be a game*" (C222). Erstere Sequenz ist zugleich die erste Stellungnahme Russlands vor dem Sicherheitsrat in der beginnenden Sitzung am 01. März 2014, in der zunächst neben der Ukraine ausschließlich die Ständigen Mitglieder teilnehmen. In dem (stark gekürzten) Memo wurde formuliert, „(...) Das ließe eine Lesart nahelegen, die Souveränitätsfrage sei eine Angelegenheit der betroffenen Staaten, etwas Bilaterales: Russlands, der Ukraine und unter Moderation des Generalsekretariats (...)". Später betont Russland auch explizit, das eigens immer wieder als Souveränitätsverletzung verstandene Thema der Verdrängung russischer Sprache

[36] Die Präsidentschaft im UN-Sicherheitsrat übt in dieser Sitzung die luxemburgische Außenministerin aus.

in der Ukraine sei „*not appropriate for the Security Council*" (C359b) und der Krim-Konflikt insgesamt eine „interne" statt internationale Angelegenheit. Ähnliche Lesarten sind auch für China plausibel, dessen Delegation insbesondere durch eine große Zurückhaltung auffällt. So ist China das einzige Ständige Mitglied, das in der ersten Sitzung keinen Beitrag leistet und auch nachfolgend äußerst kurze Redezeit einnimmt. China beteiligt sich grundsätzlich an keiner der Debatten zwischen den Ständigen Mitgliedern und der Ukraine und lässt eine starke Zurückhaltung deutlich werden. Das erscheint schon wegen der zuvor geäußerten Kritik Russlands an dem Verfahren nicht unbedeutend und legt den Schluss nahe, China teile die Auffassung des zwischenstaatlichen und zurückhaltenden Charakters. Das drückt sich dann auch in Sequenzen aus, in denen die Delegation betont, C121 „*We have urged all sides in Ukraine to peacefully resolve their internal differences*". Der Verweis auf den internen Charakter des Konfliktes unterscheidet sich hier grundlegend von den weit überwiegenden Bekundungen zur UN-Charta als kollektivem Gut und der internationalen Verantwortung für die Stärkung ukrainischer Souveränität. Im Gegenteil werden folglich auch unilaterale Sanktionen als ungeeignetes Mittel des Völkerrechts betrachtet und vielmehr mit diesem sogar als unvereinbar kritisiert, weil sie der Unteilbarkeit staatlicher Souveränität widersprechen:

> C470 (Venezuela): „*Venezuela believes that the parties should act with moderation in order to avoid the dialogue being affected by unilateral actions that could jeopardize the peace process. In that regard, our country rejects the application of unilateral coercive sanctions, which are contrary to international law and counterproductive to the desire for peace and stability in the region, as they erode the necessary climate of trust between the parties.*" (vgl. auch C491);

> C477 (China): „*In terms of the Council's discussion on the question of Ukraine, China takes an open approach. We believe that the discussion should play a constructive role in easing tensions in the country. Moreover, the threat or use of unilateral sanctions all too often in international relations is not conducive to finding a fundamental solution.*" (vgl. auch C483).

Besonders deutlich drückt sich diese Überzeugung auch in der gemeinsamen Declaration Russlands und Chinas von 2016 aus, in der beide

> C499 (Russia/China): „(…) *share the view that good faith implementation of generally recognized principles and rules of international law excludes the practice of double standards or imposition by some States of their will on other States, and consider that imposition of unilateral coercive*

measures not based on international law, also known as «unilateral sanctions», is an example of such practice."

und dies impliziere:

„*(...) equally to all types and stages of dispute settlement, including political and diplomatic means when they serve a prerequisite to the use of other mechanisms of dispute settlement. It is crucial for the maintenance of international legal order that all dispute settlement means and mechanisms are based on consent and used in good faith and in the spirit of cooperation, and their purposes shall not be undermined by abusive practices.*"

Dass nicht nur die Gleichwertigkeit („*equally*") aller Typen und Arenen der Konfliktlösung betont werden, sondern es sogar für die „international legal order" zentral sei, bilaterale, d.h diplomatische und politische Wege zu bevorzugen, unterstützt die Lesart eines äußerst restriktiven Verständnisses internationalen Rechts im Kontext einer starken Souveränitätsnorm. Die fundamentale Überzeugung kommt zu Vorschein, einer Souveränitätsnorm eine solche priorisierte Stellung einzuräumen, dass sodann auch das „Rule of Law" bilateral zur Geltung kommt: Zwar unterstehen auch bilaterale Handlungen den Grundlagen des Völkerrechts, es macht hier aber einen fundamentalen Unterschied, einen Konflikt zwischenstaatlich oder international-gemeinschaftlich auszutragen. Nicht eine kollektive Rechtsmeinung entscheidet über die Bewertung und Lösung von Konflikten, sondern steht grundsätzlich im Kontext der Priorität staatlicher Souveränität und mithin der spezifischen Auslegung der beteiligten Subjekte *allein*. Das drückt sich auch dadurch aus, dass solche bilateralen Lösungen nicht durch „*missbräuchliche Praktiken*" „*unterminiert*" werden sollen, d.h. durch Völkerrechtsauslegungen nichtbeteiligter Akteure, was als Einmischung (C500) und unzulässig verstanden wird und was nicht. Insgesamt scheint in der Memo-Interpretation die Lesart plausibel, internationales Recht als den Staaten dienend zu verstehen, gerade nicht multilateral in dem Sinne, dass Normen dazu geeignet wären, eine Souveränität einzuengen. Daraus ergibt sich, warum (unilaterale) Sanktionen als außerrechtliche Mittel („*sanctions are contrary to international Law*" C491 Venezuela) verstanden werden und besonders für Russland und China die Vetomöglichkeit im Sicherheitsrat ein immanenter Ausdruck ihrer Souveränität darstellt (C477, C483, C491).

Wie restriktiv eine Souveränitätsnorm als immanentes und unanfechtbares Recht eines Staates verstanden wird, gelingt sodann besonders stark auch im Gebrauch eines Verantwortungsbegriffes zum

Ausdruck: Während sich in der Subkategorie *8.1.1.1 Garantie zur Souveränität* eine solche Verantwortung aus einer kollektiven Eingebettetheit überhaupt erst als ‚sinnvolle' Kategorie des Völkerrechts etablieren kann, wird hier Verantwortung explizit an die einzelnen Staaten selbst gebunden: „*handling its own affairs*" (C344 Argentina) (vgl. auch C313, C374, C382a, C387, C414, C416). Es wird betont, die Verantwortung beispielsweise zum Schutz der Bevölkerung (siehe 8.2.2.3 Bevölkerungsschutz) liege ausschließlich bei den jeweiligen Staaten selbst, nicht aber bei einem Kollektiv der internationalen Gemeinschaft. Verantwortlichkeit als Grundüberzeugung ist mithin der Anspruch auf Nichteinmischung jeglicher Art in die internen und externen Beziehungen eines Staates. Eine Souveränitätsnorm kommt den Staaten immanent zu und wird durch die internationale Gemeinschaft nur mediiert, keineswegs aber erst konstituiert.

8.1.2 Rechtssubjekt

Eine zweite Unterkategorie als Teil der Kategorie *Grundlegende Aspekte* wurde gebildet, um solche Codes zusammenzuziehen, die Aspekte hinsichtlich der Überzeugung legitimer Träger einer Souveränitätsnorm zum Ausdruck bringen. Die Benennung wurde durch anhaltende Abweichungen darüber nahegelegt, wer genau schützenswert sei und wem mithin Souveränitätsrechte und -pflichten zukommen. Grundsätzlich legt die UN-Charta in Kapitel II, Artt. 3-6 explizit Staaten als Mitglieder der UN und damit Völkerrechtssubjekte als Träger von Rechten und Pflichten fest. In Art. 4 Abs. 1 heißt es bspw: „Membership in the United Nations is open to all other peace-loving states (…)". Entsprechend liegt das Interesse auch dieses Unterkapitels explizit nicht in einer rechtsdogmatischen Feststellung, als vielmehr in einer konkreteren Rekonstruktion der grundlegenden Überzeugungen, d.h. des konkreten Gebrauchs: Mit welchen Ideen und Konzepten wird ein solcher Begriff ausgefüllt und was macht diesen völkerrechtlichen Grundsatz mithin elementar aus? Welche Handlungsgründe ergeben sich daraus? Auch hier stellt keiner der Akteure in Frage, ob Staaten grundsätzlich Rechtssubjekte im Sinne des Völkerrechts sind – im Gegenteil, ein solcher Bezug gehört zu den klassischen Anknüpfungspunkten aller im Sicherheitsrat vertretenen Völkerrechtsauffassungen. Gleichwohl sind aber verschiedenste Überzeugungen rekonstruierbar, die mithin aber auch elementar entscheiden, was Souveränität im Sinne des Völkerrechts eigentlich *ist*. Insofern ist eine solche Kategorienbildung geeignet, gleichsam als Gegenstück zur vorherigen Rechtsobjekt-Kategorie,

Klarheit nicht nur über Überzeugungen der grundlegendsten Funktionen einer Souveränitätsnorm selbst, sondern auch hinsichtlich der Träger einer solchen zu rekonstruieren. Auch hier treten im Zuge der Krimannexion unterschiedliche Gebräuche auf, die Implikationen im Sinne der Forschungsfrage nach sich ziehen. Dafür wurden mit *Regierungen* und *Staatsvolk* zwei weitere Subkategorien gebildet, um die Codes zu strukturieren.

8.1.2.1 Staatsvolk

Eine erste Subkategorie wurde um solche Codes herum gebildet, in denen sich ein demokratisches und an einer internationalen Anerkennung orientiertes Rechtssubjektverständnis ausdrückt. Diese ist mithin besonders eng mit den beiden Unterkategorien *8.1.3.1Positives Völkerrecht* und *8.1.1.1 Rechtsobjekt/Garantie zur Souveränität* verbunden. Völkerrechtssubjekt und damit Träger von Rechten und Pflichten einer Souveränitätsnorm ist der Staat Ukraine, dessen Ausübung durch ein demokratisches Handeln seiner Bürger*innen konkretisiert und anerkannt wird. Durch die kollektive Einbettung in der internationalen Gemeinschaft rahmt dieses Kriterium allein, wer in diesem Sinne als Staatsbürger*in der Ukraine und damit legitimer Rechtsausüber gilt.

Grundlegend ist zunächst die Überzeugung, die Ukraine als Teil der internationalen Gemeinschaft auch als Rechtssubjekt diplomatisch zu adressieren und in diesem Rahmen einen demokratischen Transformationsprozess als immanente Wahrnehmung eines Souveränitätsrechts anzuerkennen:

> C427 (United Kingdom, UK): „*[the parliamentary election] is an outstanding achievement, which demonstrates the determination of the Ukrainian people to exercise their democratic rights and to set Ukraine on a new path towards stability. They have produced a Government whose legitimacy cannot be questioned and that deserves the full support of the international community.*" (vgl. C433, C450, C489).

Darin gelangt die Überzeugung zum Ausdruck, staatliche Souveränität in einem liberalen Kontext zu verstehen, in dem die ukrainische Staatsangehörigkeit als solche und unabhängig ethnolinguistischer oder anderweitiger Zugehörigkeit als hinreichend gilt, einen solchen Prozess als legitime Wahrnehmung eines gestaltenden Souveränitätsrechts anzuerkennen: Ukrainische Souveränitätsausübung im Innenverhältnis wird also ausschließlich durch die Zugehörigkeit der Bürger*innen an einen Staat verstanden, dessen Grenzen wiederum durch die

Anerkennung der internationalen Gemeinschaft, als kollektiv eingebettetes Mitglied dieser, als hinreichend begründet gilt. Wer in diesem Sinne Staatsbürger*in der Ukraine ist, nimmt in völkerrechtlich akzeptierter und legitimer Weise Souveränitätsrechte der Ukraine wahr und eine daraus resultierende Regierungsbildung wird als Völkerrechtssubjekt akzeptiert. Durchaus ließe sich hier von einem rechtspositivistischen Grundverständnis sprechen[37]. Konkret drückt sich das darin aus, dass zur Konfliktlösung im Sinne des Völkerrechts und der Souveränität der Ukraine auf den Willen der Ukrainer *per se* und gerade unabhängig von jeglichen ethnischen Zugehörigkeiten, verwiesen wird:

> C170 (Luxembourg): „(…) *It [die Konfliktlösung] must reflect the diversity of Ukrainian society, the aspirations of all Ukrainians and the need to respect the rights of all Ukrainians. We support the efforts of the Government and the Parliament of Ukraine to promote such dialogue, which could, in our view, lead inter alia to a strengthening of the federal character of the Ukrainian State. But it is up to the Ukrainians alone to decide their destiny. Ukraine belongs only to Ukrainians.*"

Darin gelangt einerseits die Überzeugung zum Ausdruck, durch die Stärkung demokratischer Prozesse zugleich ukrainische Souveränität zu stärken; andererseits und vor allem aber, Völkerrechtssubjekt und damit zentraler Adressat für die internationale Gemeinschaft sei gerade nicht lediglich die Regierung als solche[38], sondern vorgelagert und in die ‚interne' Souveränität hineinragend, die Bürger*innen der Ukraine: Weil in einer solchen Überzeugung Souveränität als kollektiv garantierend gebraucht wird, liegt die Grenzschwelle höher und auch die effektive Ausübung garantierter Souveränitätsrechte – im demokratischen Sinne – ist als schützenswert von einer internationalen Verantwortung legitim mit umfasst. Das ist eine demokratische Lesart völkerrechtlich garantierter Souveränitätsrechte. Mithin wird dann auch die ukrainische Bevölkerung selbst adressiert:

> C167 (UK): „(…) *with my colleagues, the Ministers for Foreign Affairs of Belgium and the Netherlands, I came to a personal realization of the courage and resilience the Ukrainian people have shown over recent weeks. I also had the opportunity to observe the restraint and composure of Ukraine at a time when it is being faced with the violation of its sovereignty and*

---

[37] Zum Begriff und der Kategorie vgl. aber *8.1.3.1 Rechtsquelle/Positives Völkerrecht.*

[38] Vgl. zur Abgrenzung *8.1.2.2 Rechtssubjekt/Regierungen.*

territorial integrity in Crimea" und später C180 (UK) „*The United Kingdom stands side by side with the Ukrainian people in this time of crisis.*".

Beispielhaft dient hier noch deutlicher auch der Code C430 (UK):

> „*along with the overwhelming majority of the international community, the United Kingdom will not recognize or accept Russia's illegal annexation of Crimea. However, Sunday's elections provide the Council with a basis for coming together behind some key principles: respect for the will of the people of Ukraine, recognition of the legitimacy of the new authorities in Ukraine* (...)".

Hier wird zwar die russische Territorialverletzung angemahnt, explizit aber im Kontrast auch würdigend auf das Verhalten Russlands reagiert, die ukrainische Wahl anzuerkennen und damit „key principles", nämlich eine demokratische Ausübung von Souveränität, zu stärken. Einer ethnischen oder historisch gewachsenen Zugehörigkeit kommt hier hingegen grundsätzlich keine Bedeutung für eine legitime Ausübung völkerrechtlich zugesprochener Souveränitätsrechte zu. Im Gegenzug wird sodann auch das *hemmende* Einmischen in den demokratischen Prozess als solchen[39] als weitere und von einer Territorialfrage unabhängige Verletzung wahrgenommen:

> C440 (Lithuania): „*At the same time, we stress once again that Ukraine's independence, sovereignty and territorial integrity are non-negotiable and must be respected by all. We welcome the statements by Russia's leaders that they will respect the outcome of Ukraine's vote. It is now time for them to walk the walk.*"

> C436 (Australia): „*[the election] reflects the determination of the Ukrainian people to choose their own Government without interference. It is a demonstration of their commitment to a sovereign, democratic and independent Ukraine.*"

Weil eine Souveränitätsnorm insofern vorgelagert als demokratisches Gestaltungsrecht verstanden wird, ist eine Förderung eines entsprechenden Prozesses legitim, hingegen die Hemmung ein illegitimes Handeln im Sinne des Völkerrechts. Auch mit direktem Blick auf die Krimannexion selbst wird nicht nur die Territorialverletzung

[39] Vgl. zur Abgrenzung die nachfolgende Subkategorie *8.1.2.2 Rechtssubjekt/Regierung* in der rekonstruiert wurde, besonders auf ethnische und historisch-gewachsene Aspekte für die Begründung einer „Einmischung" abzustellen.

angeprangert, sondern explizit auch die Unterbindung demokratischer Partizipation:

> C489 (USA): „(...) *As a result, virtually all forms of Tartar political expression and organization have effectively been criminalized. No more speaking to the press – that is a crime. No more convening meetings – a crime. No more holding elections – a crime.*"

Auch hier drückt sich die Überzeugung aus, eine legitime Souveränitätsausübung als einen demokratischen Prozess ukrainischer Staatsbürger*innen zu verstehen. Zwar ist die Ukraine ein als Staat zu adressierendes Völkerrechtssubjekt. Der Schutz zur effektiven Ausübung dieser ist von einer internationalen Garantie aber durchaus umfasst – und damit gerade ‚Schutz', nicht ‚Eingriff' in ukrainische Souveränität!

Eine solch grundlegende Überzeugung spiegelt sich sodann auch im Außenverhältnis wider, indem auch die ‚neue' ukrainische Regierung als legitimes Rechtssubjekt weiter anerkannt wird: C327 (UK) „*A change in Government in Kyiv does not absolve Russia from its international obligations and commitments*" (vgl. C211, C266). Mithin wird das völkerrechtliche Handeln auf das Handeln der Staatsbürger*innen im Sinne einer als solche international anerkannte Bevölkerungsgruppe zurückgeführt. Entsprechend besteht hingegen schon dieser Konstruktion nach, ein äußerst geringer Platz für eine an Regionalität- oder historisch-ethnischen Strukturen orientierten Rechtssubjektträgerschaft. Legitime Souveränitätsausübung wie auch internationales Handeln geht von „the Ukrainians" (vgl. C170) als solchen aus.

Auf der anderen Seite gelangt ein solches Rechtssubjektverständnis entsprechend auch darin zum Ausdruck, wie auf Russlands „Aggression" (C523) reagiert wird und ist dazu geeignet, eine erste stärkere Implikation im Sinne der Forschungsfrage aufzuzeigen: Zu Beginn der Auseinandersetzung mit der Krimkrise im Sicherheitsrat zeigten sich insbesondere die Ukraine und einige wortführende europäische Staaten wie Litauen, Frankreich und Großbritannien, aber auch die USA intensiv darum bemüht, eine solche Aggression unmittelbar auf russisches Handeln selbst zurückzuführen: C68 (USA) „*It is a fact that Russian military forces have taken over Ukrainian borders posts. It is a fact*". Im weiteren Verlauf wurde deutlich, dass gerade in Reaktion auf die anhaltenden Abstreitungen Russlands für eine solche Zurechnung zunehmend die niedrigere Schwelle gebraucht wurde, souveränitätsverletzendes Handeln auch auf russische Staatsangehörige selbst zurückzuführen. Für deren Handlungen wiederum wurde Russland unmittelbar mit verantwortlich gemacht (C444, C453, C466). Auch hier wird also vorgelagert auf Staatsbürger*innen-Handeln abgestellt. Zwar ist eine solche mittelbare Zurechnung insbesondere bei nichtstaatlichen Aggressionen von ausländischem Territorium kein unbekanntes Instrument im Völkerrecht und durchaus etabliert, etwa um ein Selbstverteidigungsrecht zu rechtfertigen. Dabei geht es im Wesentlichen aber um Konstellationen, in denen Nichtregierungstruppen von einem externen Staatsgebiet aus von eben diesem Staat nicht an aggressiven Handlungen gehindert werden und die Territorialität eines anderen Staates von dort aus verletzen. Im konkreten Fall der Krim liegt eine anders gelagerte Situation vor, in der auch von den Akteuren im Sicherheitsrat so verwendet, von einem „hybriden" Krieg Russlands die Rede ist: C486 (Ukraine): „*This war is very hybrid in nature*". Dieser unterwandere ‚noch geradeso' völkerrechtliche Schwellen der Aggression oder verschleiere eine solche dadurch, dass zumindest nicht ganz klar ist, von welchen Akteuren genau eine Aggression ausgehe. Letztlich wird aber auch Russland ein solches nicht-direkt russisches Handeln zugerechnet:

> C485 (Ukraine): „*Every war is a perversion. War perverts nature, God and humanity. Still, history has not seen many wars more perverted than this one. This is a war between people who often speak the same language, read the same books and listen to the same music. They got along pretty well until propaganda convinced the Russians that Ukraine was ruled by Nazis. It is a war that officially does not exist, against an enemy that never existed. It is a war that makes Russia feel strong but that in reality makes it weak. It is a war of the past against the future.*" (vgl. auch C467).

Darin liegt keinesfalls ein ‚Bruch', weil die Überzeugung, Handlungen gerade nicht nur restriktiv an Regierungen zu binden, wie oben dargestellt, erhalten bleibt. Hier intensiviert sich eine solche Gebrauchsweise vielmehr, weil nicht nur das legitime *Geltendmachen*, sondern auch eine *Verletzung* an Handlungen der Staatsbürger*innen selbst gebunden wird. Im Zuge der Krim wird nun entsprechend eine solche Schwelle heruntergesetzt, um auch im völkerrechtlichen Vokabular russische Verletzungshandlungen als solche benennen und ahnden zu können. Hier wird ein starkes Kontinuitätselement deutlich, indem in der herausfordernden Situation eine bestehende Überzeugung durch ihren kontextspezifischen Gebrauch auf diese ‚neue' Situationen angepasst wird. Das mag marginal erscheinen, gerade weil es keinen ‚Bruch' darstellt; es verschiebt aber wesentlich völkerrechtliche (auch tatbestandliche)

Anknüpfungspunkte und stellt insofern eine zentrale Implikation im Sinne der Forschungsfrage dar.

8.1.2.2 Regierungen

Eine davon abweichende zweite Unterkategorie wurde zusammenziehend für solche Codes gebildet, die zum Ausdruck bringen, weit restriktiver ausschließlich die Regierungen als Rechtssubjekte einer Souveränitätsnorm im Sinne des Völkerrechts zu betrachten. Dies wird zugleich mit einer kulturell-historischen Dimension verbunden. Grundsätzlich teilt diese Subkategorie mit der vorherigen die Vorstellung einer durch Staaten getragenen Souveränitätsnorm mit Rechten und Pflichten eben dieser. Hier fällt nun aber ein solches Verständnis grundlegend anders und entlang der familienähnlichen Kategorie *8.1.1.2 Rechtsobjekt/Mittel zur Souveränität* aus. Eine Rechtssubjektträgerschaft wird ausschließlich an offizielle Repräsentationen von Staaten geknüpft; für eine Adressierung eines breiteren, auch innerstaatlichen Akteursradius bleibt damit kein legitimer Spielraum: Ein internationaler ‚Schutz' dieser stellt in der hier rekonstruierten Überzeugung vielmehr sogar einen Eingriff dar. Weiterhin werden in einer solchen Überzeugung kulturell-historische Aspekte wesentlich zentraler, was sich aus der Konstituierung von Souveränitätsrechten gerade nicht aus der internationalen Gemeinschaft heraus, sondern als immanentes Recht eines Staates (vgl. Abschnitt *8.1.1.2*) ergibt. Ein solcher Bezug war in der vorherigen Subkategorie ohne Bedeutung. Die Rekonstruktion der hier zugrunde liegenden Überzeugungen wurde wesentlich aus Sequenzen der Delegationen Russland, China, Argentinien, Venezuela und Kasachstan gebildet.

Regierungen allein als Rechtssubjekte im Sinne des Völkerrechts

Grundlegend ist hier zunächst die Überzeugung, Rechtssubjekte im Sinne des Völkerrechts seien ausschließlich Staaten und dessen offizielle Repräsentation. Zwar bezieht sich (u.a.) auch Russland immer wieder auf Individuen, besonders auf die russischsprachige Minderheit in der Ukraine (C310, C415, C508) und auch China betont in nahezu jedem Beitrag, „*to take the legitimate rights, interests and claims of all ethnic groups into account*" (C374). Ganz ähnlich auch Argentinien (C211). Hier sind es aber gerade nicht die Bürger*innen, denen eine effektive demokratische Souveränitätsausübung auch von der internationalen Gemeinschaft garantiert werden soll. Handeln im Sinne des Völkerrechts ist hier überhaupt nur durch Staaten in Form deren offizieller

Vertretung überhaupt denkbar und zwingend auf diese zu begrenzen. Eine solche Überzeugung ergibt sich auch aus einem Souveränitätsverständnis als zwischenstaatlichem Mittel, weswegen eine Rechtssubjektträgerschaft auch ausschließlich zwischenstaatlich – und von innerstaatlichen Prozessen gerade unabhängig – verstanden werden kann. Rechtssubjekt einer Souveränitätsnorm können mithin nur Repräsentationen eines Staates sein und Diplomatie spielt sich auch ausschließlich zwischen diesen ab.

In den Sequenzen gelangt das etwa darin zum Ausdruck, wie Russland, aber auch China oder Venezuela, beispielsweise Menschenrechten die rechtsdogmatische Eigenschaft absprechen, eine Durchbrechung der unteilbaren Vorrangigkeit staatlicher Souveränität darstellen zu können: C483 „*China is opposed, as always, to the Council's involvement in country-specific human rights issues*" (C445). Diese seien zwar zu berücksichtigen, können aber keine Ausnahme von der Unteilbarkeit staatlicher Souveränität darstellen. Der Einzelne ist hier nur vermittelt durch den Staat mit dem Völkerrecht verbunden, allerdings nur soweit, dass ihm keine Ansprüche auf internationaler Ebene zukommen (können!) und diese nur passiv durch die Regierungen geltend gemacht werden. Das meint im Umkehrschluss auch, dass sämtliche innerstaatlichen Prozesse nicht Gegenstand internationaler Agenda sein können. Das prägt sich im Kontext der Krim-Krise markant aus: Schon die bloße Teilnahme und die Kommunikation ‚westlicher' Staaten mit den Protestbewegungen in der Ukraine wird als sensibler Eingriff in einen Souveränitätsbereich wahrgenommen. Jegliche Adressierung internationaler Beziehungen sei auf die zwischenstaatliche Ebene zu begrenzen. Internationale Kommunikation an dieser Zwischenstaatlichkeit ‚vorbei', wird als Einmischung verstanden oder schlicht nicht als legitimes völkerrechtliches Handeln akzeptiert, C225. Insofern gelangt hier sehr grundlegend zum Ausdruck, eine Rechtssubjektträgerschaft bestehe prinzipiell bei den Regierungen allein und vollkommen unabhängig davon, welche innerstaatlichen Prozesse sich abspielen. Das deckt sich dahingehend mit der oben rekonstruierten Überzeugung, dem Schutz vor Einmischung jeglicher Art (vgl. Abschnitt *8.1.1.2*). Mithin wird auch immer wieder vorrangig auf ein striktes Verfahren statt auf deliberative Partizipation abgestellt, und zwar sowohl bezüglich der Frage, welche innerstaatlichen Akteure zu adressieren seien, als auch dabei, wie Rechtsubjekte auf internationaler Ebene und insbesondere im UN-Sicherheitsrat miteinander interagieren.

In der Kategorie *8.1.1.2 Rechtsobjekt/Mittel zur Souveränität* wurde bereits rekonstruiert, dass der Sicherheitsrat als einzig legitimer Ort internationaler Entscheidungsfindung aufgewertet wird: Weil Rechtssubjekte allein die einzelnen Staaten sind, ist völkerrechtliches Handeln an diesen vorbei, undenkbar (vgl. C10, C358b). Auch Krisen wie durch die Krim-Annexion ausgelöst seien ausschließlich unter den strikten formellen Regelungen des Sicherheitsrates zu diskutieren und selbst hier wird immer wieder darauf verwiesen, dass überhaupt nur die beteiligten Staaten einbezogen werden sollen. Besonders stark gelangt diese Überzeugung auch in der gemeinsamen „Declaration on the Promotion of International Law" Russlands und Chinas zum Ausdruck, in der auf dem Grundsatz der „sovereign equality", das gleichwertige Recht aller *„States (...) to participate in the making of, interpreting and applying international law on an equal footing* (...)" (C495), besonders betont wird. Das meint in diesem Kontext vor allem, in der Interpretation des Völkerrechts gerade keinen kollektiven Zwängen ausgesetzt zu sein und betont auch hier einen rein zwischenstaatlichen Charakter selbst in rechtlichen Streitigkeiten. Entsprechend stützt sich Russland auch in den ersten Sicherheitsratssitzungen immer wieder legitimierend auf den vorherigen ukrainischen Präsidenten Yanukovich, besonders durch Verweis auf einen Brief, der an Putin gerichtet gewesen sein soll. In diesem, den Russland im Sicherheitsrat vorlegt, heißt es:

> C63 (Russia): *„People are being persecuted on the basis of their language and political beliefs. I therefore call on President Vladimir Vladimirovich Putin of Russia to use the armed forces of the Russian Federation to establish legitimacy, peace, law and order and stability in defence of the people of Ukraine."*.

Abstrakter formulieren Russland und China entsprechend auch in ihrer „Declaration (...) on the Promotion of international Law",

> C501 (Russia/China): *„8. The Russian Federation and the People's Republic of China assert that international obligations regarding immunity of States, their property and officials must be honoured by States at all times. Violations of these obligations are not in conformity with the principle of sovereign equality of States and may contribute to the escalation of tensions."*

Nicht nur ist hier markant, dass Repräsentanten jederzeit zu respektieren sind, sondern auch, dass dieses Prinzip unabhängig von jeglichen äußeren Umständen gelten sollen. Es wird sich hier auf die zwischenstaatliche Ebene berufen, um völkerrechtlich legitimes Handeln zu begründen. Dass hier streng zwischen der als legitim erachteten Vorgängerregierung und einer illegitimen Nachfolgerregierung – die aus den Protestbewegungen hervorging – unterschieden wird, stellt einen relevanten Kontrast dar: Gleichsam könne es auf innenpolitische Akteure wie die der Protestbewegungen (und damit auch der neuen ukrainischen Regierung) bei der Rechtfertigung außenpolitischen Handelns keineswegs ankommen. Völkerrecht insgesamt ist in einer solchen Überzeugung unteilbarer Souveränität mithin als zwischenstaatliche Interaktion durch Regierungen allein zu verstehen. Das ergebe sich, so Russland und China in ihrer Deklaration, aus einer C500 „(...) good faith implementation of generally recognized principles and rules of international law [that] excludes the practice of double standards or imposition by some States of their will on other States."

Kulturell-historischer Aspekt einer Rechtssubjektfähigkeit

Während ein solch restriktives und ‚misstrauendes' Verhältnis nicht unbekannt für eine russische und vor allem chinesische Sicht auf das Völkerrecht ist (vgl. Kroll 2012), zeigt sich im Zuge der Krimannexion eine zweite Überzeugung darüber, wie Völkerrechtssubjekte verstanden werden. Wie durch die Subkategorie *8.1.1.2* und dem dort rekonstruierten Verständnis von Souveränität als immanentes Recht und abwehrend gebrauchtes „Mittel" eines Staates plausibel wird, kommen ethnisch-kulturellen und vor allem historischen Aspekten eine ganz wesentliche Bedeutung zu. Die Trägerschaft subjektiver Souveränitätsrechte ist hier mit einem solchen historischen Kontext bzw. Begründung fest verbunden (vgl. *8.1.3.2 Historische Rech*te). Diese Überzeugung gelangt in den Sequenzen darin zum Ausdruck, wem eine Rechtssubjektfähigkeit zu- oder abgesprochen wird: Während einer neu gebildeten Regierung die Legitimität und damit Völkerrechtssubjektfähigkeit abgesprochen wird (und zwar mit explizitem Verweis darauf, diese habe sich aus illegitimen Protesten herausgebildet und schränke ethnisch-russisch geprägte Regionen in ihrer Autonomie ein) wird eine solche insbesondere der Krim als Region faktisch zugesprochen. Durchaus lassen die Sequenzen die Lesart zu, eine historisch-kulturelle Bedeutung von Souveränität als zentral dafür zu betrachten, wer auch in völkerrechtlichen Begriffen legitimes Rechtssubjekt sein könne. Legitime Völkerrechtssubjekte bestimmen sich hier nicht als Deckung mit einer internationalen Anerkennung als vielmehr mit historisch und kulturell gewachsenen Gründen für konkrete Gebiete.

In den Sequenzen wird etwa die Illegitimität der neu gebildeten ukrainischen Regierung aus russischer Sicht immer wieder betont und wie im weiteren Verlauf deutlicher werden wird, in einem delegitimierenden Kontext einer ‚westlichen' Ausrichtung gestellt:

> C157 (Russia): „(...) *Attempts to take over administrative buildings in almost all cities in eastern and southern Ukraine were not made up. An armed group invaded and tried to remove the Government and to set up its own undemocratic and illegitimate authority.*";
>
> C481 (Russia): „(...) *the political situation and the actions of the Kyiv authorities is the spread of the ideology of extremism in parts of Ukrainian society, including neo-Nazism and aggressive nationalism. That is the sort of ideology led to the coup d'état in Kyiv in 2014 and the later so-called counter-terrorist operation in the south-east of the country. We are convinced that, as long as the expression of such ideology is justified as part of the right to freedom of expression and as a potential factor in consolidating the country and society, we cannot legitimize the authorities in Kyiv.*"

Insbesondere betont die russische Delegation, die proeuropäischen Proteste auf dem Maidan und anderenorts haben zu einem gewaltvollen und außerverfassungsrechtlichen Umbruch geführt und legitimer diplomatischer Adressat könne mithin weiterhin nur die Vorgängerregierung sein. Zentral ist aber der Gebrauch der beiden Vorwürfe der Außerrechtlichkeit des Regierungswechsels und den gewaltvollen Ausschreitungen während der Proteste in Kiew. Dies legt plausibel die Lesart nahe, eine ‚eigentliche' Rechtssubjektträgerschaft vor allem an ethnisch-kulturelle bzw. historisch gewachsene Aspekte zu binden. Beispielhaft für eine Reihe ähnlicher Sequenzen dient hier C153 (Russia):

> „*First, the statements made by my Ukrainian, French and British colleagues, if I remember correctly, included the claim that Russia is seeking to exert pressure on Ukrainian democracy. But can a forcible takeover be called democracy? What we are saying is that there must be a normal constitutional process that takes the interests of all regions and all people in Ukraine into account. Is that not democracy? We are calling for democracy, but others are trying to make it seem that what we are calling for is not democracy*".

Besonders stark wird hier die Legitimität insbesondere deswegen in Frage gestellt, weil ein politischer Umbruch die „Interessen aller Regionen und aller Menschen in der Ukraine berücksichtigen" müsse, genau dies aber durch die Verdrängung von Sprache, Kultur und politischer

Autonomie nicht gesichert sei. Nicht auf den Einbezug ukrainischer Bürger*innen als solche, sondern auf spezifische, mit der Region historisch verbundene, kulturelle Aspekte komme es an.

Hier scheinen grundsätzlich zwei verschiedene Lesarten hinsichtlich der zum Ausdruck gelangenden Überzeugungen einer Rechtssubjektfähigkeit plausibel: Zunächst scheint die Interpretation möglich, „Russland beschränkt seine Kritik auf die Gewalttätigkeit des Umbruches als solche" (Memo zu C153), d.h. in der vermehrt angeprangerten gewaltvollen Art der Proteste liege der ‚ursächliche' Grund der für illegitim befundenen ukrainischen Regierung. Eine solche Lesart wird etwa dadurch plausibel, dass im Sicherheitsrat immer wieder betont wurde, es bestehe eine „(...) *situation of ongoing threats of violence by ultranationalists against the security, lives and legitimate interests of Russians and Russian-Speaking peoples*" (C60). Daraus kann ohne Widerspruch zum übrigen Kategoriensystem allerdings nicht geschlossen werden, Russland beziehe sich etwa auf eine internationale Verantwortung (was in einem solchen Völkerrechtsverständnis wohl selbst als ‚Einmischung' verstanden werden würde), eine Regierung aus Gründen politischer Gewalt nicht anerkennen zu können. Explizit tauchen solche Vorwürfe nämlich ausschließlich im Kontext einer russischsprachigen und russisch geprägten Kultur auf der Krim auf, die bedroht werde. Eine zweite Lesart scheint dagegen plausibler und wird durch das Hinzuziehen weiterer Codes nahegelegt, in denen ein vermeintlich außerverfassungsrechtlicher Weg betont wird, worin ein Illegitimitätsgrund begründet sei: C156 „*My colleague from the United States said that there is a need to respect the Constitution of Ukraine. We believe that that is indeed important*" und in der Schlussfolgerung:

> C227 (Russia): „*Those present in this Chamber know full well that the violent overthrow of an authority is illegal. Such actions have been repeatedly condemned, including in documents adopted by the Security Council. Instead of the Government of national unity provided for pursuant to the agreement of 21 February, a Government of the victors was established in Kyiv, as acknowledged by Mr. Yatsenyuk. A number of key positions, including that of Minister of Defence, went to representatives of the radical nationalist Freedom Party* (...)".

Der Verweis auf den Respekt der ukrainischen Verfassung wird hier gerade auch den USA entgegengestellt und wiederholend auf ungleiche Maßstäbe verwiesen, die ‚der Westen' anlege, um einen Regimewechsel in seinem Sinne zu legitimieren. Im Umkehrschluss wird die neue ukrainische Regierung gerade deswegen nicht als Völkerrechtssubjekt anerkannt, weil es an dieser regionalen und historisch-kulturellen Verwurzelung fehle. Diese sei eine künstliche und durch westliche Transformationsbemühungen etablierte Regierung, die nicht anerkennungswürdig sei.

Beide Lesarten verweisen letztlich, wie auch der Gebrauch beider Gründe (Gewalt und Außerrechtlichkeit) viel tiefliegender auf die grundlegende Überzeugung, eine Rechtssubjektträgerschaft vor allem an eine ethnische Zugehörigkeit zu binden: Tatsächlich werden beide Punkte nämlich nicht isoliert angesprochen und beziehen sich immer auch auf konkrete Folgen für die russischsprachige Minderheit in der Ukraine. So werfen sowohl Russland und China besonders der ukrainischen Vorgängerregierung ein Staatsversagen vor, aus dessen Folge ein Regierungssturz, die anhaltenden Proteste und schließlich die angemahnte Diskriminierung einer russischsprachigen Minderheit erst resultierten:

> C226 (Russia): „(…) *Why did he [the former Prime Minister] not seize that opportunity to prevent the country from falling into economic disaster? Why not seize not only the opportunity provided by offers from the European Union and the United States, but also by readiness of the Russian Federation to help with credits and lower fuel prices to begin to stabilize the economic situation?*" (C22, C223).

Explizit wird hier in dem politischen Entfernen von Russland bzw. der Annäherung an die Europäische Union die Grundlage einer zunehmenden Bedrohungslage, besonders auch für eine russische Minderheit gesehen. Damit richtet sich der Vorwurf des gewaltvollen Umbruchs und (nach russischer Überzeugung) außerverfassungsrechtlichen Regierungswechsels, zwar *sowohl* auf die Vorgängerregierung als *auch* auf die ‚neue' Regierung der Ukraine. Gleichwohl weist der konkrete Kontext auf wesentliche Unterschiede beider Vorwürfe hin. Während der Vorgängerregierung zwar eklatante Vorwürfe gemacht werden, eine solche Situation erst hervorgerufen und befeuert zu haben, wird dieser doch gerade *nicht* die Völkerrechtssubjektivität abgesprochen, als vielmehr im weiteren Verlauf der Sicherheitsratssitzungen immer wieder gestärkt: „*[the Ukraine] has a democratically and legally elected President, Mr. Yanukovych* (…)" (C13, C352). Demgegenüber wird der neu gebildeten Regierung gerade mit Verweis auf die Verdrängung russischer Wurzeln jeglicher Subjektstatus abgesprochen. Darin scheint plausibel zum Ausdruck zu gelangen, Souveränität sei zugleich als aktive *Verpflichtung* der Regierung zu verstehen, eben diese aufrechtzuerhalten und entsprechend dieser historischen Verwurzelung auszufüllen. Genau dies stellt dann den eigentlichen Grund dar, eine neue ukrainische Regierung nicht anzuerkennen: Diese, so Russland, schütze gerade nicht hinreichend eine politisch-kulturelle Integrität der Krim. Genau darauf komme es aber an, um Legitimität zu begründen.

Eine solche Lesart, Souveränität nicht nur als aktives Recht, sondern zugleich als aktive *Pflicht* zu verstehen, wird dadurch plausibel, wie insbesondere in dem Unterlassen von Schutz einer ethnisch-russischen Minderheit eine Illegitimität, Souveränitätsrechte wahrzunehmen, konstruiert wird: Darin drückt sich geradezu eine *Souveränität unter Vorbehalt* (über die Krim) aus, die nur so lange anerkennungswürdig sei, wie eine historisch-ethnische Begründung von Souveränitätsrechten (vgl. *8.1.1.2 Mittel zur Souveränität* als immanentes Recht eines Staates) Rechnung getragen wird. Rechtssubjektfähigkeit wird mithin in einer solchen Überzeugung an eine Ethnizität bzw. kulturell-historische Dimension gebunden. Die Beschreibung ist hier zur Verdeutlichung gewählt, wie immanent in einem solchen Sprachspiel (im Wittgenstein'schen Sinne) Souveränität und „the russian speaking peoples" geradezu familienähnliche Begriffe darstellen, die ausschließlich gemeinsam zu denken sind. Sämtliche Lesarten weisen zusammenführend darauf hin, in der konkreten oder potenziellen Bedrohung einer politischen, kulturellen oder sprachlichen Integrität einer ethnischen-russischen Minderheit den zentralen Grund einer Illegitimität der dafür verantwortlich gemachten neuen Regierung zu verstehen. Eigentliche Trägerschaft subjektiver Rechte einer Souveränitätsnorm ist hier vor allem auch eine historisch gewachsene kulturelle Frage, nicht lediglich eine der internationalen Anerkennung. Das deckt sich auch mit der weiter unten rekonstruierten Überzeugung, historischen Rechten eine besondere Stellung einzuräumen (vgl. Abschnitt *8.1.3.2*).

Explizit richtet sich die aufgeführte Delegitimierung von Seiten Russlands nicht gegen die Ukraine per se, als vielmehr gegen eine solche neu gebildete Regierung, welche die Autonomie durch ethnisch-russischer Regionen oder die russische Amtssprache in Frage stellt. Weil sie damit einen wesentlichen Aspekt legitimer Souveränität umgeht, wird sie nicht anerkannt: C481(Russia) *„as long as the right to freedom of expression and as a potential factor in consolidating the country and society, we cannot legitimate the authorities in Kyiv*". Konkretisiert wird dies in weiteren Codes, in denen zum Ausdruck gelangt, der Region auf der Krim sogar einen eigenen Rechtssubjektstatus zuzusprechen, und sich infolgedessen auch mit bilateralen Gesprächen direkt an diese zu wenden. Die russische Delegation betont die Autonomie und deren eigenständige Handlungsfähigkeit, insbesondere der Krim:

> C31 (Russia): „(…) *in conformity with international agreement on the territory of Ukraine, the Autonomous Republic of Crimea – in accordance with paragraph (g) of part I of article 102 of the Constitution of the Russian Federation – has requested the deployment of the armed forces of the Russian Federation on the territory of Ukraine until the civic and political situation in Ukraine can be normalized*".

Im Umkehrschluss und rückbindend an die Frage, wer nun Rechtssubjekt einer Souveränitätsnorm sei, ließe sich so sinnstiftend zusammenfassen: Rechtssubjekte einer Souveränitätsnorm sind in einer solchen Überzeugung nicht losgelöst von kulturell-historischen bzw. ethnischen Dimensionen zu verstehen. Anders formuliert: Rechtssubjekte einer Souveränitätsnorm sind zwar ausschließlich die zwischenstaatlich-agierenden Regierungen allein; deren Legitimität richtet sich aber nach kulturell-historische Prägungen. Die Berücksichtigung der Regionen, definiert durch ihre kulturell gewachsenen Strukturen, sind für die Begründung eines Souveränitätsanspruches so zentral, dass sie wesentlich mitbestimmen, wer auch international als legitimes Völkerrechtssubjekt anerkannt wird:

> C222 (Russia): „(…) *for us, it is an issue of lives and the fundamental norms of international law. If we are to understand how to normalize the situation, we need to objectively analyse the root causes of the current crisis*".

8.1.3 Rechtsquellen

Die dritte Unterkategorie der *Grundlegenden Aspekte* umfasst solche Codes, die Aufschluss über unterschiedliche Zugänge zum internationalen Recht rekonstruieren. Hier wurde weiter zwischen *positivem Völkerecht* und *historischen Rechten* unterschieden. Die Benennung ist explizit nicht als Äquivalent zu gleichnamigen rechtstheoretischen Ansätzen oder Bezügen auf voneinander abweichenden Dokumenten zu verstehen. Vielmehr geht es um *interpretative* Zugänge zur UN-Charta und einer spezifischen Auslegung dieser, die mit einer solchen Benennung präziser beschrieben werden können. Hier zeigt sich also die anleitende Frage als bestimmend, wie Souveränitätsrechte, die oben bereits einerseits als „immanentes Recht" und anderseits als durch die internationale Gemeinschaft erst „garantiert" beschrieben wurden, von den Akteuren selbst be-*gründet* werden. Was also stellt je die – interpretative – ‚(Rechts-)Quelle' einer legitimen Souveränitätsnorm dar?

8.1.3.1 Positives Völkerrecht

Anerkennung ausschließlich positiver Völkerrechtsinterpretationen

In den Protokollen des Sicherheitsrates kommt, wie oben skizziert, in den weit überwiegenden Beiträgen zum Ausdruck, die Annexion stelle einen „fundamental" und „brutally" Bruch mit internationalem Recht und der UN-Charta dar. Die Codes ‚C202 (Republic of Korea): „*Without a doubt, it is vital that the unity, territorial integrity and sovereignty of Ukraine be fully respected*" und C140 „*Those actions are a flagrant violation of the Charter of the United Nations*" sind paradigmatisch dafür. Wiederholend wird sich dafür auf die Charta der UN berufen und jeweils parallel eine Verletzung internationalen Rechts *und* der Souveränität der Ukraine angemahnt. Darin impliziert ist also die Vorstellung einer eigenen Autorität des Rechts, die insofern an entlang positiver Setzungen orientiere Geltendmachung erinnert: Recht ist, was im kollektiven Verfahren der internationalen Gemeinschaft als Recht zu Stande gekommen ist und als solches gilt.

In den Memos wurden solche expliziten Verweise auf die UN-Charta jedoch nicht automatisch als ein zum Ausdruck gelangendes ‚positivistisches' Völkerrechtsverständnis interpretiert, weil es *keine* Delegation gibt, die ihre Auffassung nicht in einen solchen legitimierenden Rahmen der UN-Charta stellt. Gleichwohl wurden aber fundamentale Unterschiede deutlich. Zur Verdeutlichung ist an dieser Stelle also der elementare Unterschied zu ergänzen, dass die Beschreibung einer solchen Rechtsvorstellung als „positivistisch“ nachfolgend entgegen des *rechtstheoretischen* Gedankens der Rechtspositivisten (siehe 4.2 Legal Theory) nicht als absolute Kategorie gebraucht wird, sondern als *eine neben anderen* möglichen Auffassungen, Völkerrecht zu verstehen. Explizit ist damit auch keine rechtsdogmatische Wertung verbunden, darin liege eine *ausschließlich* in dieser Form und aus dem Recht *selbst* abzuleitenden Lesart des Völkerrechts verborgen. Vielmehr stellt auch das eine Überzeugung im Peircen Sinne dar: Der Kategorien-Begriff „positives Völkerrecht“ zeichnet sich insofern durch die in den Codes zum Ausdruck gelangenden spezifischen Überzeugungen hinsichtlich zulässiger Interpretationsbezüge aus – hier Rechtsquellen genannt. Diese werden in einer solchen Überzeugung an zeitlich-aktuelle und kollektive Rechtsmeinungen der internationalen Gemeinschaft gebunden. Insofern steht diese Unterkategorie in einer engen Verknüpfung mit der Kategorie *8.1.1.1 Rechtsobjekt/Garantie zur Souveränität* bzw. auch *8.1.2.1 Rechtssubjekt/Staatsvolk*, die beispielsweise historischen Auslegungen weniger Anerkennung schenkt und die kollektive Einbettung einer Souveränitätsnorm betont. Wenn hier also argumentiert wird, die Kategorie lasse sich durch ein „positivistisches Verständnis“ sinnvoll beschreiben, dann ist damit gemeint, dass dies keinesfalls aus dem Recht selbst so determiniert ist und insofern auch nur innerhalb eines bestimmten (eben solchen) Sprachspiels selbstverständlich wird.

In den Sequenzen wurde zunächst das Alleinstellungsmerkmal deutlich, das positivem Völkerrecht für die Begründung von Souveränität zugewiesen wird. So wurde beispielsweise die Sequenz

> C247 (France): „*The blatant breach of bilateral obligations and international law by Russia is undermining the very foundation of international law as well as regional and international peace and security. We strongly call on all States to make it clear that they will not recognize the referendum and its outcome.*“

dahingehend interpretiert, dass hier geradezu der Verstoß gegen internationales Recht per se den Bruch darzustellen scheint und die Souveränitätsverletzung der ukrainischen Krim nur eine fallspezifische Konkretisierung dessen darstelle[40]. Eine solche Lesart wurde insbesondere dadurch gestärkt, dass auch die Ukraine selbst ein Verweis auf internationales Recht in dieser Weise verwendet:

[40] Vgl. dazu bereits oben *8.1.1.1 Rechtsobjekt/Garantie zur Souveränität.*

C8a (Ukraine): „*The Russian Federation has brutally violated the basic principles of the Charter of the United Nations, obliging all Member States, inter alia, to refrain from the threat or use of force against the territorial integrity or political independence of any State.*"

Der Gebrauch ist hier ein reflektierender, sich auf gemeinsame Prinzipien stützend. „Independence of any State“ abstrahiert sogar sehr deutlich von der eigenen Betroffenheit und bezieht sich geradezu auf einen Verstoß, der die internationale Gemeinschaft („all Member States“, „any State“) als Kollektiv betreffe[41]. Eine solche Lesart wird auch durch den Gebrauch in einer Reihe anderer Codes nahegelegt, in den der Interpretationsbezug, was internationales Recht sei, ausschließlich an einerseits *aktuelleren* und andererseits aus einer *kollektiv eingebetteten* Rechtsmeinung gezogen wird: Daraus wurde die Überzeugung interpretiert, eine zulässige Rechtsquelle im Sinne einer Auswahl auch aus zeitlich unterschiedlichster zur Verfügung stehender Rechtsauffassungen, könne ausschließlich aus dem Kollektiv der internationalen Gemeinschaft gezogen werden. Anders ausgedrückt: die internationale Gemeinschaft selbst ist ‚Quelle‘ einer als zulässig erachteten Rechtsauffassung. Diese wird dadurch aber auch zur eigentlichen ‚Quelle‘ internationalen Rechts konstituiert, weswegen neuere Aushandlungsprozesse der internationalen Gemeinschaft auch Vorrang vor den Staaten gleichsam immanent-historisch zukommender Rechte haben. Explizit wird auch entsprechend auf die Ausführungen (siehe *8.1.3.2 Historische Rechte*) Russlands reagiert. Das wurde verstärkend als eine zum Ausdruck kommende Überzeugung interpretiert, ausschließlich positives Völkerrecht im Sinne durch kollektive Rechtsmeinung zustande gekommenen Rechts, könne als Rechtsquelle eine Souveränität begründen und als solche verletzt werden. Beispielhaft hierfür ist

C190 (France): „*But for Russia it is not a question of law, coherence or logic; it is a question of using anything and everything to justify the unjustifiable – the blatant and cynical violation of the Charter of the United Nations, whose foundation is respect for the territorial integrity and non-interference in the internal affairs of its Members.*"

Dieser Aspekt wird in C270 weiter geschärft, wenn die Inkonsistenz in der russischen Begründung wegen des Rückgriffs auf ‚nicht-positives' Völkerrecht im Sinne ‚immanenter' Rechte angeprangert wird:

---

[41] Siehe dazu auch Kategorie *8.1.1.1 Rechtsobjekt/Garantie zur Souveränität.*

„The violation of international law is so obvious at this point that one almost feels pity at seeing Russian diplomacy –so formalistic, so finicky in its respect for proprieties and its invocation of texts – struggling to find a legal basis for the coup. One day, they brandish an alleged letter from the Head of State who is on the run, and only an unsigned version of that letter is released, disappearing as quickly as it appeared. The next day, they recall the issue of Kosovo. Finally, after what was probably a feverish search through the archives, they even exhume a decolonization case from 1976: the question of Mayotte. They are trying so hard to use all available means in Moscow that they do not want to see that in the latter example, Russia having taken the opposite position from the one it is taking today, that shaky comparison – even if one accepts it – proves that Russia was wrong in 1976 or is wrong now, in 2014. It must choose.“

Schließlich kommt der Aspekt der alleinigen Begründung aus positivem Völkerrecht pointiert auch in C274 (France) zum Ausdruck, wenn in Reaktion auf Russland den historischen Aspekten jede rechtliche Qualität abgesprochen wird: „*We know only too well that anything can be justified by history, particularly the unjustifiable.*“ bzw. in einem Beitrag der ukrainischen Delegation:

C297 (Ukraine): „*Russia's recognition of the self-proclaimed republic of Crimea has one single goal: to create pseudo-legitimate reasons for the annexation of the territory of Ukraine and its incorporation into the Russian Federation.*"

Frankreich delegitimiert an anderer Stelle auch einen entsprechenden historisch-rechtlichen Anspruch, auf den im Folgeabschnitt noch stärker eingegangen wird:

C355 (France): „*In reality, Russia's proposals are simple. What is mine is mine – that is to say, Crimea – and we can negotiate on what is yours – that is to say, Ukrainian sovereignty. That is the Russian proposal.*"

In diesen Sequenzen gelangt also die konkretisierende Überzeugung zum Ausdruck, historischen Interpretationen deswegen einen minimalen bis keinen Stellenwert einzuräumen, weil diese gerade eine Rechtsauffassung darstellen, die sich der kollektiven Einbettung grundsätzlich entzieht: Sie stellen gleichermaßen einen Rückgriff auf Rechtsmeinungen dar, die eine weitere Aktualisierung durch Auffassungen der internationalen Gemeinschaft überspringt. Eine historische Interpretation wird einer solchen Überzeugung nach als unzulässig aufgefasst, weil sie Souveränität gerade nicht kollektiv eingebettet versteht. Insofern wurde an dieser Stelle auch deutlich, wie eng diese Überzeugung mit der Überzeugung eines Rechtsobjekts als Garantie zur Souveränität (vgl. Abschnitt *8.1.1.1*) verbunden ist: Nämlich insofern, als dass ausschließlich solche Bezüge überhaupt als zulässig verstanden werden, die gerade nicht zeitlos einem einzelnen Rechtssubjekt per se zustehen, als vielmehr durch das Kollektiv der internationalen Gemeinschaft ggf. auch neu zugeschriebenen *werden*. Aus diesem Grund wird eine Souveränitätsverletzung der Ukraine zugleich auch als Verletzung des internationalen Rechts bzw. einer internationalen „*Legal Order*" (C506) selbst verstanden, weil die Bezugnahme auf Rechtfertigungen außerhalb einer internationalen Einbettung, ebensolch ein Verständnis unterminiert. Weil internationales Recht kollektiv eingebettet verstanden wird, ist es zugleich auch viel stärker neueren Entwicklungen und Aushandlungen verhaftet; und in der Konsequenz historischen Rechten oder solchen Rechtfertigungen distanzierter gegenübergestellt. Viel stärker werden aktuelle Entwicklungen priorisiert, weil gerade auf das Kollektiv der internationalen Gemeinschaft Bezug genommen wird zur Frage, was Recht ist. Die monopole Stellung positiven Rechts als Quelle einer Souveränitätsbegründung einerseits und die damit verbundene Eigenständigkeit des Völkerrechts, dem ein eigener und schützenswerten Stellenwert zugesprochen wird, gelangt komprimiert auch in C199 (Jordan) zum Ausdruck:

> „*Jordan stresses the need to respect Ukraine's sovereignty, territorial integrity and political, and not to interference in its internal affairs. We also call for compliance with the purposes and principles of the Charter of the United Nations* (…)*. Jordan stresses the territorial integrity of Ukraine, all regions of which, including Crimea, are subject to Ukrainian sovereignty, in accordance with the provisions of international law and the relevant international conventions* (…)".

Auch die schwedische und australische Delegation bringen das später stark zum Ausdruck, wenn argumentiert wird,

> C506 (Sweden): „*Sweden as a small country committed to a rules-based international order, Sweden relies upon strict adherence to the principles enshrined in the Charter of the United Nations and respect for international law. Violation of those core principles and commitments poses a threat to the European security order and are therefore a fundamental concern for all of us.*";
>
> C322 (Australia): „*In conclusion, we are obviously at a critical point for Ukraine and the region and for the integrity of the rules-based international*

order itself. All Member States have a direct interest in the preservation of that order."

In einer solchen Überzeugung wird also insofern ‚positives Recht' als ausschließlicher Interpretationsbezug anerkannt, als das auf die internationale Gemeinschaft verwiesen wird: Dessen Aushandlungsprozesse ‚setzen', was Recht *ist* und ziehen mithin neuere Rechtsmeinungen gerade durch diese Kopplung vor. Andererseits sprechen sie sodann historischen Rechten, die einzelnen Völkerrechtssubjekten immanent zukommen, die Begründungsfähigkeit eines Souveränitätsrechts ab. Letztere, weil sie ‚neuere' Aushandlungsprozesse gleichsam überspringen und den Anspruch erheben, unabhängig davon zu gelten, werden dann als *unjustifiable* delegitimiert. Weil die Ukraine in eben diesen Grenzen anerkannt ist, können historische Interpretationen keine Rolle spielen und der Bruch in Form der Annexion der Krim wird sowohl als Rechtsverletzung der Ukraine, als *auch* des Völkerrechts selbst verstanden. Das mag eine triviale Feststellung sein, wird aber erst in einem solchen Sprachspiel sinnvoll. Wie grundlegend eine solche Überzeugung ist drückt sich sowohl durch die starke Verknüpfung mit den beiden vorherigen Kategorien *8.1.1.1* und *8.1.2.1* aus als auch in der nachfolgenden Frage, welche Handlungen als souveränitätsverletzend verstanden werden.

Anerkennung (auch) nicht-positiver Völkerrechtsinterpretationen

Als besonders interessant haben sich sodann aber unter anderem Sequenzen erwiesen, die aus Beiträgen der USA, Frankreich, Luxemburg und Ruanda kodiert worden sind. Darin kritisieren insbesondere die USA und Frankreich das Handeln Russlands auf der Krim, führen aber dennoch auf:

> C36 (USA): „*We have said from the outset that we recognize and respect Russia's historical ties to Ukraine, but instead of engaging the Government of Ukraine and international institutions about its concerns for ethnic Russians, Russia has ignored both, and has instead acted unilaterally and militarily. It is ironic that the Russian Federation regularly goes out of its way in this Chamber to emphasize the sanctity of national borders and of sovereignty, but Russian actions in Ukraine are violating the sovereignty of Ukraine and pose a threat to peace and security.*"

und Frankreich ergänzt noch als Schlussbeitrag in derselben Sitzung,

> C52 (France): „*In the Ukrainian crisis, France will continue to strive for a political solution that meets the needs of the Ukrainian people and*

preserves the territorial integrity and sovereignty of that country. We therefore call on all parties involved to show their sense of responsibility. We call on the Ukrainian authorities to take all measures necessary to ensure civil peace and intercommunal coexistence, to restore the country and to take the legitimate interests of the Russian Federation into account."

In beiden Sequenzen scheint die Lesart zumindest plausibel möglich, Frankreich und die USA räumen zwar grundsätzlich positivem Völkerrecht eine Priorität zu, erkennen aber kontextspezifisch im Fall der Krim durchaus auch historisch-ethnische Begründungen an. Diese erhalten einen Stellenwert, sodass sie zumindest berücksichtigt werden sollen. Insbesondere die Verwendung des Satzteils „*said from the outset that we respect Russia's historical ties to Ukraine*" als nicht genutztes Möglichkeitsfenster legt den Schluss nahe, ein solches aber grundsätzlich erstmal anzuerkennen. Anerkannt werden solche Bezüge nämlich als Ausnahme zu Gunsten einer Konfliktlösung, um die es in beiden Sequenzen übergeordnet geht. Bei Frankreich ist die Verwendung ähnlich, wenn an die Ukraine appellierend darum gebeten wird, die „legitimen" Interessen Russlands zu berücksichtigen. Hier scheint zudem die Verwendung des Wortes „legitimen" interessant: Auch hier drückt sich der Ausnahmecharakter darin aus, dass sich zwar primär an die Ukraine als handelnder Akteur gewendet wird, deren positivrechtliche Souveränitätsrechte also im Sinne der oben rekonstruierten Überzeugungen anerkannt werden, dennoch aber explizit ein Fenster geöffnet wird, russische Argumente mit zu verarbeiten. Insofern scheinen beide im Kontext des Ukrainekonfliktes von der oben sehr plausibel zum Ausdruck gelangenden positivistischen Völkerrechtsauffassung teilweise abzuweichen. Mindestens scheinen hier aber im praktischen Gebrauch historische Aspekte nicht in der Form ignoriert zu werden, wie es argumentativ zum Ausdruck gebracht wird. Ähnliches ergibt sich auch aus einem luxemburgischen Beitrag:

> C166 (Luxembourg): „*It must be possible to find a peaceful way out of this crisis that takes the interests of all parties concerned – including, of course, those of Russia – into account. The destabilization of Ukraine serves the interests of no one in the long term. We recognize Russia's historical ties with Ukraine, including in the economic and cultural areas.*"

Auch Ruanda drückt sich ähnlich aus:

> C195a, C195 (Rwanda): „*While there are a number of diplomatic engagements under way in approaching the crisis, we believe it is important to*

take into account substantive issues that gave rise to the conflict in the first place thus addressing the grievances of all concerned parties.“

Zwar konkretisiert Ruanda hier nicht, was denn die „substantive issues” sind, im Folgeabschnitt wird aber mit Bezug zu „*and emphasizes the protection of minorities and the Russian community*“ klar, dass zumindest auch ethnisch-historische Aspekte gemeint sind. In beiden Sequenzen spiegelt sich zugleich erneut die bereits bei Frankreich und der USA aufgezeigte Kontextualisierung eines Konfliktlösungszieles, in dessen Sinne hier ein solches Fenster geöffnet wird, das auch Aspekte stärker berücksichtigt, die von Russland vorgebracht werden. Daraus ließe sich durchaus eine zentrale Implikation interpretieren, weil offenbar im Kontext der Krim historischen Rechtfertigungen und Begründungen von Souveränitätsansprüchen eine Bedeutung zugewiesen wird. Dass diese überhaupt auftaucht würde eine Implikation darstellen, gerade weil solche Bezüge eher untypisch und daher ‚neu‘ scheinen.

Insbesondere im weiteren Verlauf verflüchtigt sich eine solche Tendenz allerdings vollständig: Besonders infolge des abgehaltenen Referendums und der Anerkennung durch die Russische Föderation hebt sich eine solche ‚weiche Akzeptanz‘ wieder auf und ist nicht mehr rekonstruierbar:

C335 (France): „*Russia's proposals are simple. What is mine is mine* (…) *We say no; let us be clear. In such bases, we cannot have da dialogue founded on international legal order*“.

Insofern ist über vielmehr ein starkes Kontinuitätselement rekonstruierbar, dass auf einen bestimmten Gebrauch in Form historischer Interpretationen einer Souveränitätsnorm zwar reagiert, diese aber gerade nicht übernommen werden. Mit Rückbezug auf den Theorieteil dieser Arbeit ließe sich diese Rekonstruktion auch so mit Brunnée/Toope sinnstiftend einbetten, dass hierin eine solche in-competent-performance gesehen werden könnte: Zwar wird eine neuere Rechtsauffassung zunächst ‚angeboten‘, kann aber zumindest bei den hier aufgeführten Staaten nicht verfangen und wird daher nicht in ein völkerrechtliches Vokabular aufgenommen. Oder mit Wittgenstein: Das Sprachspiel ist hier nicht ‚in Fluss‘ geraten, wurde nicht verschoben. Anders verhält es sich aber in der nachfolgenden Kategorie, mit der gerade das für andere Staaten rekonstruiert werden konnte.

8.1.3.2 Historische Rechte

Neben solchen Überzeugungen hinsichtlich als legitim erachteter Interpretationsbezüge zur Begründung einer Souveränitätsnorm kommen aber insbesondere für Russland, China und Argentinien auch historischen Aspekten eine zentrale rechtliche oder quasi-rechtliche Bedeutung zu. Besonders markant gelangt das beispielsweise in C239 (Russia) zum Ausdruck:

> *„However, what is unacceptable is the manipulation of individual principles and norms of international law, arbitrarily wresting them from the general context not only of international law itself, but in particular of concrete political situations and historical specificities."*

In dem dazugehörigen Memo wurde formuliert: „Memo: In der Sequenz geht es um das Referendum und eine Reaktion auf bisherige Stimmen dazu. [Darin] gelangen zwei Überzeugungen zum Ausdruck: Zum einen, ein geradezu contra-positivistisches Rechtsverständnis, nach dem eine dogmatische Trennung von Historie oder Kultur einerseits und dem Recht andererseits nicht als generelles Prinzip anerkannt, als vielmehr sogar scharf kritisiert wird. Zum anderen die Stärkung eben solcher Kontextualitäten, die hier als „political situations" und „historical specificities" konkretisiert werden. Damit scheint beiden (mit Ähnlichkeit zu China) rechtsähnliche oder zumindest rechtsauslegende Rollen zuzukommen." Eine solche Lesart wird an anderen Stellen verstärkt, wenn internationales Recht historisch zu lesen sei, beispielsweise in C264 (Russia):

> *„It should also be noted that generally agreed principles of international law are closely interlinked and that each should be considered in the light of the others, the relevant political context and historic specificities. The political, legal and historic backdrop of the events of today in Ukraine is extremely complicated. In that context, it is useful to recall that up until 1954, Crimea formed part of the Russian Federation. It was given to Ukraine in violation of the norms of that time under Soviet law and without taking into account the views of the people of Crimea, who nevertheless remained within a single State – the Union of Soviet Socialist Republics."*

Auch China verweist auf die *„complex historical factors"* (C468). Insbesondere erstere Sequenz lässt eine Lesart zu, die nicht nur auf eine Berücksichtigung historischer Faktoren zielt, sondern zum Ausdruck bringt, historischem Recht selbst eine rechtsbegründende Funktion zuzuschreiben. Auch in der Rede im Kreml betont Putin die historischen

Umstände der Krimabgabe an die Ukraine, ähnlich wie bereits im UN-Sicherheitsrat:

> C412 (Russia) „(…) *People, of course, wondered why all of a sudden Crimea became part of Ukraine. But on the whole – and we must state this clearly, we all know it – this decision was treated as a formality of sorts because the territory was transferred within the boundaries of a single state. Back then, it was impossible to imagine that Ukraine and Russia may split up and become two separate states. However, this has happened. Unfortunately, what seemed impossible became a reality. The USSR fell apart. Things developed so swiftly that few people realised how truly dramatic those events and their consequences would be.* (…)".

Insbesondere die (historisch) ‚eigentlich' widerrechtlich an die Ukraine abgegebene („*given*") Krim, die zugleich „ohnehin" in einem gemeinsamen Staat verblieben sei begründe es, „*interlinked*" „*principles of international law*" untereinander abzuwägen. In dieser komme dann den historischen Rechten eine dominierende Gewichtung zu. So ist im Sicherheitsrat mithin auch die Rede davon, C304 (Russia) „*Yesterday, a truly historic event took place – the reunification of Russia and Crimea, which our peoples have awaited for six decades.*" Ebenso C307(Russia) „*A historic injustice has been righted.*" Die Krim, so Russland, sei „*intrinsically Russian Land*" (C309) und „*In people's hearts and minds, Crimea has always been an inseparable part of Russia. This form conviction is based on truth and justice and was passed from generation to generation, over time* (…)" (C410). In den Sequenzen gelangt jeweils die Überzeugung zum Ausdruck, historischen Aspekten im Sinne gewachsener Strukturen als legitime Rechtsquelle einer Souveränitätsnorm zu betrachten. Diese stünden zudem explizit nicht in Konkurrenz zu internationalem Recht, sondern seien gerade als eben solches zu verstehen (vgl. oben C239, C222). Das deckt sich auch mit der rekonstruierten Überzeugung der bisherigen Kategorien, nachdem Souveränität als immanentes – und hier konkreter historisch gewachsenes – Recht einzelner Staaten zu lesen ist. Mithin bezieht sich auch Russland immer wieder darauf, dass es – ganz ähnlich wie schon in den beiden Kategorien *8.1.1.2 Rechtsobjekt/Mittel zur Souveränität* und *8.1.2.2 Rechtssubjekt/Regierungen* rekonstruiert wurde– allein an russischem Willen gelegen sein könne, wie die Souveränität der Krim weiter definiert werde:

> C417 (Russia): „*First, we had to help create conditions so that the residents of Crimea for the first time in history were able to peacefully express their*

> *free will regarding their own future. However, what do we hear from our colleagues in Western Europe and North America? They say we are violating norms of international law. Firstly, it's a good thing that they at least remember that there exists such a thing as international law – better late than never.*"

In der Sequenz wird sogar explizit dem nicht an historisch-ethnischen Umständen gebundenem Verständnis von Souveränität die Rechtsqualität abgesprochen. Nicht die historische Auslegung, gleichermaßen als Ergänzung eines rein ‚positivistischen' Völkerrechtsverständnisses (im Sinne einer Trennung eben solcher Aspekte von rein durch kollektive Anerkennung gebildetem Recht) wird betont, sondern internationales Recht selbst ist ausschließlich in und mit solchen historischen Interpretationsbezügen denkbar. Insbesondere während des zweiten offenen Kodierens hat sich zudem die Abgrenzung von einer in der vorherigen Subkategorie rekonstruierten Überzeugung deutlich gemacht. Das äußert sich darin, wie Russland die ‚gesetzten' Grenzen den historisch ‚gewachsenen' Grenzen delegitimierend gegenüberstellt. Im Sicherheitsrat wird darauf verwiesen, dass die Übergabe der Krim an die Ukraine erfolgt sei, C308 „*with the stroke of a pen in 1954, in violation of constitutional norms* (...) *which was then part of the same State*". Hier erscheint die Lesart äußerst plausibel, den ‚eigentlichen' Gründen, nämlich historisch-ethnischer Zugehörigkeit, gegenüber positivrechtlichen ‚Akten' („*with a stroke of a pen*") eine priorisierte Stellung zuzuschreiben. Eine nicht marginale Bedeutung nimmt in diesem Zusammenhang auch die Verwendung des Begriffes „internationale Prinzipien des Rechts" (u.a.C264, C412) ein, die, ohne den „*relevant political context and historic specificities*" einzubeziehen, als geradezu beliebig kritisiert wird: C239. Hier werden gerade solche Bezüge bzw. Rechtsmeinungen für zulässig erklärt, die Souveränität als an einzelne Rechtssubjekte gebundenes Recht verstehen. Damit wird historischen Rechten insofern eine priorisierte Stellung eingeräumt, als dass diese explizit nicht durch ‚neuere' Auffassungen der internationalen Gemeinschaft überholt sind (vgl. abgrenzend: *8.1.3.1 Positives Recht*). Das gelangt besonders deutlich in einer Sequenz in der Rede Putins zum Ausdruck:

> C414 (Russia): „(...) *however, we expected Ukraine to remain our good neighbour, we hoped that Russian citizens and Russian speakers in Ukraine, especially its southeast and Crimea, would live in a friendly, democratic and civilised state that would protect their rights in line with*

the norms of international law. However, this is not how the situation developed."

Hier wird sehr direkt die eigentliche Rechtsquelle einer Souveränitätsnorm an eine historisch-ethnische Dimension gebunden, die zwar akzeptierend ausgesetzt wurde, während die Krim Teil der Ukraine war, gleichwohl aber nicht erlösche und sich deswegen nun erneut darauf berufen werden könne[42].

Ein sehr ähnlicher Gebrauch findet sich auch bei China, dessen Auftreten zudem insgesamt von großer Zurückhaltung geprägt ist[43]. Die chinesische Delegation äußert sich zwar grundsätzlich in kurzen Beiträgen, was die Hypothesenbildung erschwert. Dennoch scheint eine ähnliche Lesart plausibel, wie bereits bei der russischen Delegation nahegelegt wurde, und in einer Gesamtschau der aus chinesischen Beiträgen gewonnen Codes deutlich wird. China betont wiederholt die „*[highly complex] situation on the ground in Ukraine*" (C205, C282). Und betont für den genauen Verlauf, C124: „*There are reasons why the events in Ukraine have progressed to where they are today*". Gerade diese Situation beruhe auf „*elements of inecitable*" (C284). In den Memos wurde interpretiert: „Memo: Die Sequenz ist deswegen interessant, weil zunächst unklar, aber paradox scheint, was hier überhaupt gemeint sein kann, wenn von (…) einer Unausweichlichkeit [der Situation] die Rede ist. Im Kontext der Vor-Sequenzen [C124, C205, C282] scheint hier die Lesart äußerst naheliegend, dass historische Hintergründe gemeint sind (…)". Die Lesart wird bestärkt in den Sequenzen selbst, wenn später von C206 „*interlinkage among historic factors and circumstances on the ground.*" und C283 „*What we are seeing Ukraine today is the result of a complex intertwinement of historical and contemporary factors*" die Rede ist. Eine rechtsähnliche Dimension kommt hier zum Ausdruck, wenn vor dem Hintergrund des besonderen historisch-ethnischen-Kontexts, eine Souveränitätsverletzung durch Russland an keiner Stelle direkt angesprochen wird und stattdessen vermehrt auf die „*internal differences*" C121 und „*not to interfere*" C123 verwiesen wird. Damit sei dem Konflikt in seinem historischen Kontext rein bilateral zu begegnen. Historische Rechte rechtfertigen hier, die Souveränität gerade nicht ausschließlich bei „der Ukraine" zu sehen und einer historischen Interpretation einer Souveränitätsnorm besonders

[42] Dass auch dieser Rückgriff nicht beliebig ist, wird in der Kategorie *8.2.2.3 Bevölkerungsschutz* deutlich.

[43] Siehe dazu *8.1.1.2 Rechtsobjekt/Mittel zur Souveränität*.

Rechnung zu tragen. Insofern scheint aus der bisherigen Lesart der Beiträge der chinesischen Delegation zumindest naheliegend, auch historischen Rechten eine zentrale völkerrechtliche Bedeutung zuzusprechen, und dass eine Annexion daher nicht zwingend als völkerrechtlich problematisch verstanden wird. „Memo: Damit scheint plausibel, dass China sowohl dem historischen Hintergrund der Krim als auch ethnischen Aspekten besondere Aufmerksamkeit schenkt, was zweifelsohne „neu" in den bisherigen Debatten des Sicherheitsrates ist (...)". Die Beschreibung in der Memo als „neu" ist so zu verstehen, dass sowohl die historischen Bezüge im Verlauf der Sicherheitsratssitzungen zwischen 2014 und 2019 in einer russischen Argumentation immer dominierender werden, als vor allem auch von anderen Staaten zunehmend übernommen werden: Dass China explizit historische Faktoren auch für die völkerrechtliche Interpretation berücksichtigenswert benennt, ist bemerkenswert, weil zu Beginn noch äußerst zurückhaltend und skeptisch reagiert wurde. Im ersten Beitrag heißt es beispielsweise ausschließlich: C124 „*There are reasons why the events in Ukaine have progressed to where they are today. China will follow closely the developements*". In späteren Sequenzen dagegen bezieht sich auch China ganz konkret auf historische Aspekte, etwa in C457:

> „*The question of Ukraine involves a complex history that has a bearing on contemporary issues. The parties concerned should address the root of the problem and find a fundamental solution. While the legitimate rights, interests and claims of all regions and ethnic groups in Ukraine should be fully accommodated, attention must be given to addressing the legitimate concerns of the parties and to achieving a balance of interests among all parties. A political solution is the only proper way to solve the question of Ukraine.*", und C468 „*The crisis in Ukraine is rooted in complex historical facts and contemporary causes.*";
>
> C512 (China): „*China believes that the Ukrainian issue involves a complicated historical genesis and reality and that the conflict needs to be addressed at its roots.*".

Darin gelangt die grundlegende Überzeugung zum Ausdruck, die Rechtsquelle einer Souveränitätsnorm im Sinne zulässiger Interpretationsbezüge ergibt sich aus einem immanenten Recht eines Staates selbst. Damit werden historische Aspekte überhaupt erst zu legitimen und ‚sinn-'vollen Bezügen. Diese Überzeugung einer in historischen Dimensionen begründeten Souveränitätsnorm, ist für die Forschungsfrage nach Implikationen zentral, weil solche im Zuge der Krim in der mehrfachen Hinsicht eine fundamentale Aufwertung erfahren: Das drückt sich darin aus, wie andere Staaten solche Bezüge übernehmen, wie Russland selbst diese (neu!) verwendet (siehe 8.2.2.3 *Bevölkerungsschutz*) und wie im Kontrast auch solche Staaten reagieren, für die gegenteilige Überzeugungen rekonstruiert wurden (vgl. Abschnitt *8.1.3.1*).

8.2 Souveränitätsverletzung

Die zweite Hauptkategorie wurde mit *Souveränitätsverletzung* benannt. Während die erste Hauptkategorie *Grundlegende Aspekte* Überzeugungen hinsichtlich verschiedener Aspekte einer Souveränitätsnorm umfasst, rücken hier die *Implikationen* wesentlich stärker in den Vordergrund. Die Bildung dieser Kategorie ermöglicht einen Perspektivwechsel durch die Fokussierung der *Verletzungs*-Überzeugungen, d.h. der Frage, welche Handlungen völkerrechtlich als unzulässig und somit als souveränitätsverletzend behandelt werden. Auch das mag im Kontext einer Annexion „klar" erscheinen, differenzierte sich aber in den Sequenzen überraschend stark aus und bildet so wesentliche Implikationen heraus. Für diese Kategorie war somit die Rekonstruktion unterschiedlicher Schwellen relevant, ab wann und mit welchen Gründen Völkerrechtsverletzungen als solche verstanden und be*handelt* wurden. Dafür wurden weitere zwei Unterkategorien gebildet, die mit Militärischer Intervention (*8.2.1*) und Kulturell-Politischer Intervention (*8.2.2*) Überzeugungen dieser Art unterscheiden und dabei je Implikationen für das Völkerrecht aufzeigen. Als eine solche Implikation konkretisiert sich insbesondere ein Gebrauch des Völkerrechts, das die Rekonstruktion eines eigenen Begriffs der Schutzverantwortung von Russland, China, Argentinien oder Kasachstan zulässt (*8.2.2.3*). Das drückt umso mehr eine zunehmende und veränderte Rolle historischer Rechte aus und kann „im Gebrauch" die konkreten Implikationen aufzeigen.

8.2.1 Militärische Intervention

Die erste Unterkategorie *Militärische Intervention* fasst solche Codes zusammen, in denen zwei zu differenzierende Überzeugungen darüber zum Ausdruck gelangen, ob bzw. wie in militärischen Handlungen auf der Krim eine Verletzung ukrainischer Souveränitätsrechte vorliege. Was absolut banal anmuten mag, ist es deswegen nicht, weil es erstens nur *einen* Verletzungs-Aspekt darstellt (vgl. die nachfolgenden beiden in *8.2.2* und *8.2.3*) und andererseits bei weitem nicht von allen Delegationen in gleicher Weise gebraucht wird.

Nachfolgend wird zunächst eine starke Kontinuität vorgestellt, als eine Überzeugung, die für *alle* Delegationen rekonstruiert werden konnte und sodann weiter zwischen zwei Subkategorien differenziert. Dabei kennzeichnet sich die Subkategorie *8.2.1.3* durch eine „(Nur)-Wenn-Dann Konstruktion" aus: „Nur" und ausschließlich dann, wenn eine militärische Intervention vorliegt, könne von einer Souveränitätsverletzung gesprochen werden, die mithin im Fall der Krim Annexion eine Schwelle zur Verletzungshandlung ausschließlich in russischem Handeln überschritten sieht. In dieser Subkategorie zeichnet sich also eine wesentlich höhere Schwelle ab, wann eine Souveränitätsverletzung im Sinne des Völkerrechts vorliegend sei. Im starken Kontrast dazu, rekonstruiert Subkategorie *8.2.1.2* die Überzeugung, auf der Krim liege trotz militärischer Handlungen gerade *keine* (militärische) *Verletzungshandlung* Russlands in völkerrechtlichen Begriffen vor und steht damit im Zusammenhang mit einem speziellen Begriff von „Schutzverantwortung“, der nachfolgend in *8.2.2* näher vorgestellt wird. Hier tritt also ein rechtfertigendes bzw. militärische Handlungen in diesem speziellen Kontext von einer Souveränitätsverletzung ausnehmendes Element hinzu.

Die geteilte Überzeugung knüpft wesentlich am dogmatischen Begriff des Gewaltverbots und der Diskussion der dafür vorzuliegenden Tatbestände an[44]: Entscheidend ist hier also nicht, *dass* solche völkerrechtsdogmatischen Subsumptionspunkte gleichermaßen im Streit ‚abgearbeitet‘ werden, um das (Nicht-)Vorliegen einer Souveränitätsverletzung im Sinne des Völkerrechts zu begründen, sondern *wie* diese ausgefüllt bzw. verwendet und damit mit Leben gefüllt werden. Auch hier gilt: Das Bekennen zu einem Gewalt- und folglich Interventionsverbot sagt allein nichts aus, weil sie von allen – bei fundamental unterschiedlichen Bedeutungen – geteilt geäußert wird.

8.2.1.1 Geteilte Überzeugung einer Souveränitätsverletzung durch Gewaltintervention

In den Sequenzen drückt sich zunächst von den weit überwiegenden Delegationen die Überzeugung aus, eine militärische Intervention stelle eine „*unacceptable*“ Souveränitätsverletzung dar. Das gelang insbesondere in C248 (Lithuania) zum Ausdruck:

> „*Nothing that has been said, including by the Russian Ambassador – nothing on Earth – warrants or justifies Russia's actions and those of the pro-Russian forces in Crimea.*“ und in C203 (South Korea) „(…) *Any military presence or activity not authorized by the Ukrainian Government and in*

[44] An dieser Stelle wäre es abwegig und würde auch die ‚gewollte Naivität‘ der Grounded Theory ins Absurde führen, würde man nicht auf das rechtsdogmatische Vorwissen des Forschenden zurückgreifen. Das Vorwissen schafft hier vielmehr Klarheit darüber, worum es in den nicht immer rein rechtlich formulierten Streitpunkten geht und lässt damit eine Rekonstruktion der darin zum Ausdruck gelangenden Überzeugungen konzentrierter zu.

breach of the sovereignty and territorial integrity of Ukraine must immediately cease".

Hier herrscht insoweit Übereinstimmung, als dass sich aus den Sequenzen – besonders mit Blick auf das bisherige Kategoriensystem – keinesfalls plausibel interpretieren ließe, andere Staaten wie etwa auch Russland, teilen einen solchen Grundsatz nicht: In der rekonstruierten Überzeugung einer Souveränitätsnorm als Mittel zur Abwehr jeglicher Einmischung und einer durch diese Unteilbarkeit äußerst sensiblen Schwelle, wäre eine solche Interpretation der Sequenzen eher inkohärent. Dass eine militärische Intervention grundsätzlich einen eklatanten Völkerrechtsbruch darstellt, ist auch eine von Russland geteilte Überzeugung und drückt sich auch in den Sequenzen deutlich aus. So heißt es beispielsweise in der gemeinsamen Deklaration mit China: „*fully support the principle of non-intervention*" (C496), was selbst im breiteren Kontext keine andere Lesart plausibel zulässt. Im Sicherheitsrat betont auch China besonders zu Beginn, eine militärische Intervention sei unvereinbar mit internationalem Recht und dem unteilbaren Prinzip staatlicher Souveränität: „*China consistantly stands for the principle of non-interference* (…) *and respect for Ukraine's independence*" (C123). In verschiedenen Sequenzen drückt sich durchaus ein Unbehagen aus, zwar grundsätzlich russische Interessen anzuerkennen (vgl. *8.1.3.2 Historische Rechte*), mit dem Schritt der Annexion aber unentschlossen zu sein:

> C209 (China): „*It is our hope that all parties concerned will promote communication* (…) *and keep their eyes on the big picture of maintaining regional peace and stability, and settling their differences by appropriate means*"

Dass hier eine starke Kontinuität im Sinne eines geteilten Gebrauchs grundsätzlich gegeben ist, lässt sich mithin aus *allen* Sequenzen schlüssig interpretieren: Militärische Interventionen stellen unumstritten eine Souveränitätsverletzung dar. Hier ließe sich zur Verdeutlichung nochmals auf die obige theoretische Diskussion zur Normkontestation zurückgreifen, weil deutlich wird, wie wenig aussagekräftig Kategorien von „Stärkung oder Schwächung" sind: Eine bloße Unterscheidung zwischen Anwendung- und Geltungskontestation kann keine Aussagen darüber treffen, wie die Bedeutung zentraler völkerrechtlicher Begriffe unterschiedlich gefüllt werden. Trotz des extremen und einschneidenden Falles einer Annexion, wäre es hier nicht ‚sinnstiftend' davon zu sprechen, territoriale Integrität spiele keine Rolle oder habe ‚weniger'

Bedeutung in der Praxis der internationalen Beziehungen. Eine solche Aussage mag zwar in einem bestimmten (theoretischen) Sprachspiel Sinn stiften, entspricht aber gar nicht der Besonderheit dieses Falles. Hier scheint es doch offenkundig vielmehr darum zu gehen, welche sich graduell verschiebende Bedeutung eine Norm der territorialen Integrität (als mit einer Souveränitätsnorm eng verbunden) *im* Gebrauch einnimmt. Nicht das „Ob", sondern das „Wie" des Gebrauchs tritt in den Vordergrund. Entsprechend differenzierte sich eine solche geteilte Überzeugung im weiteren Kodier-Verlauf deutlich aus. Eine tieferliegende Lesart ergibt sich u.a. aus dem Umstand, dass Russland sich auf eine Legitimierung durch die regionale Krimverwaltung bezieht (vgl. *8.1.2.2 Rechtssubjekt/Regierung*) und daraus schließend auch daran festhält:

> C32 (Russia): *„I therefore draw the Council's attention to the fact that it says "on the territory of Ukraine" – not "against Ukraine", as my Ukrainian colleague said."*

Russisches Handeln „auf" nicht aber „gegen" ukrainische Souveränität stellt eine Unterscheidung dar, die insbesondere in der folgenden Kategorie *8.2.2.3 Bevölkerungsschutz* noch zentraler wird. Darin wird die Interpretation nahegelegt, auch trotz der grundsätzlichen Übereinstimmung, militärische Interventionen als Souveränitätsverletzungen zu betrachten, eine eben solche im Kontext der Krim gerade als nicht erfüllt oder zumindest anders gerahmt zu verstehen. Das ist zentral, weil es die Grundlage eines ‚neuen' Verständnisses von ‚Schutzverantwortung' darstellt, das von der von westlichen Staaten bekannten ‚*Responsibility to Protect*' abweicht und ein eigenes Konzept aufstellt. Dass besonders Russland und China mit anderen Interpretationen einen im Kern doch vergleichbaren Begriff entwickeln, der offenbar als Überzeugung im Pierce'schen Sinne Gründe für ein bestimmtes Handeln bereitstellt, ist zweifelsohne etwas ‚Neues' und eine zentrale Implikation für das Völkerrecht.

8.2.1.2 Keine Militärische Intervention durch fehlende Souveränität

In verschiedenen Sequenzen, insbesondere solcher von Russland und China, drückt sich die tiefere Überzeugung aus, eine Souveränitätsverletzung im Fall der Krim zumindest völkerrechtlich als nicht vorliegend zu betrachten:

> C67 (Russia): „*(…) in this extraordinary situation, which is not of our making and in which the lives and security of the inhabitants of Crimea and south-eastern Ukraine are under genuine threat from the irresponsible and provocative acts of gangs and ultranationalist elements, we emphasize once again that Russia's actions are entirely appropriate and legitimate*".

Zentral wurde damit die Rekonstruktion eben dieses ‚ausnehmenden' Aspekts, der trotz geteilter Grundsatz-Überzeugungen einer Unvereinbarkeit territorialer Verletzungshandlungen mit einer doch gerade sehr ausgeprägten staatlichen Souveränität, zu unterschiedlichsten Handlungsergebnissen führt. Dazu dient die schon oben aufgeführte Sequenz beispielhaft:

> C32 (Russia): „*I therefore draw the Council's attention to the fact that it says "on the territory of Ukraine" – not "against Ukraine", as my Ukrainian colleague said.*"

Die Sequenz verweist zugleich auf die ebenfalls bereits oben rekonstruierten Überzeugungen hinsichtlich als legitim erachteter Rechtssubjekte (vgl. Abschnitt *8.1.2.2*). Dort wurde rekonstruiert, dass besonders Russland und China Souveränität mit ethnisch-historischen Aspekten verknüpfen und mithin auch einer neuen ukrainischen Regierung die völkerrechtliche Subjektfähigkeit absprechen. In der Subkategorie *8.1.3.2 Historische Rechte* wurde zudem rekonstruiert, dass Russland eine Souveränität als immanentes Recht eines Staates vor allem in einer historisch gewachsenen Dimension begründet sieht, die sich nicht erst aus der Anerkennung der internationalen Staatengemeinschaft ergibt. Aus diesem Überzeugungssystem heraus zeigt sich auch hier, dass Russland und China, Argentinien, Algerien sowie Kasachstan die Überzeugung teilen, den Fall der Krim gerade als „internal affair" zu verstehen, die in der alleinigen Angelegenheit Russlands liege: C306 „*Russia as a sovereign State agreed to the Crimean people's request*[45]". Hier erscheint deswegen die Lesart sehr plausibel, eine Souveränitätsverletzung im Sinne des Völkerrechts liege schon deswegen nicht vor, weil die Souveränität schlicht nicht bei der Ukraine, sondern gerade in einem russisch-ethnisch und historisch geprägten Kontext begründet liege. Dass zwar „auf" ukrainischem Gebiet gehandelt, damit aber nicht „gegen" ukrainische Souveränität verstoßen werde, ergibt sich aus dieser Überzeugungsrekonstruktion schlüssig. Zwar ist die Krim Teil ukrainischer

---

[45] Indem es um die Anerkennung des Referendums zur Eingliederung der Krim in russische Hoheit geht.

Verwaltung, aus dem bereits angesprochenen Umstand einer solchen Souveränität „unter Vorbehalt" (vgl. Abschnitt *8.1.2.2*) wird aber deutlich, dass russische Handlungen – soweit sie mit der Inanspruchnahme historischer Rechte begründet und eine ethnisch-kulturelle Integrität als bedroht betrachtet wird – nicht als Souveränitätsverletzung im Sinne des Völkerrechts verstanden werden. Eine solche Überzeugung wird genauer in der Kategorie *8.2.2.3 Bevölkerungsschutz/Zugehöriger Staat* verdichtet, in der auch diesbezügliche Implikationen umso deutlicher werden. Hier geht es zunächst nur um die rekonstruierte Überzeugung als solche, in russischem Handeln gerade aufgrund des ‚speziellen historischen Kontextes', keinen Völkerrechtsbruch zu sehen. Das ist für sich genommen bereits deswegen nicht unbedeutend, weil mit einem solchen Gebrauch des Völkerrechts entsprechend auch militärische Handlungen nicht zwingend als Souveränitätsverletzung verstanden werden.

8.2.1.3 Ausschließlich militärische Intervention

Im Kontrast dazu umfasst eine zu differenzierende Subkategorie zwei Überzeugungen solcher Delegationen, die zuvor die Kategorien *8.1.1.1 Rechtsobjekt/Garantie zur Souveränität* gebildet haben (etwa: EUropäische Staaten, die USA, die Ukraine etc.): Zum einen gelangt hier die Überzeugung zum Ausdruck, in der militärischen Intervention Russlands liege unstreitig eine Souveränitätsverletzung der Ukraine sowie eine Verletzung internationalen Rechts selbst vor. Diese sei auch nicht durch historische oder andere Gründe zu rechtfertigen. Diese Überzeugung ist so grundlegend, dass die Sequenz C94 (UK) *„clear violation of the sovereignty* (...) *and flagrant breach of international Law"* als Beispiel dienen kann, ansonsten aber auf die vorherigen Kategorien *8.1.2.1 Rechtssubjekt/Staatsvolk* sowie *8.1.3.1 Rechtsquelle/Positives Völkerrecht* verwiesen wird: Die dort rekonstruierten Überzeugungen und zitierten Sequenzen gewähren hinreichende die hier vorgenommene Interpretation.

Zum anderen ergibt sich ein zweiter Aspekt, der besonders für die Implikationen im Sinne der Forschungsfrage relevant ist. Zusammen mit der Überzeugung einer in der internationalen Staatengemeinschaft als kollektiv eingebettet verstandenen Souveränitätsnorm (vgl. Abschnitt *8.1.1.1*), ist hier plausibel herauszulesen, *allein* in militärischen Interventionen eine Souveränitätsverletzung begründet zu sehen. Danach liegt die Schwelle, in welchen Handlungen eine Verletzung gesehen wird hoch und umfasst restriktiver gefasste Fälle: Völkerrechts-

grund einer Souveränitätsverletzung ist die einseitige Infragestellung einer solchen kollektiven Garantie, was aber gerade solche Anknüpfungspunkte als potenzielle Souveränitätsverletzungen ausschließt, die sich bereits aus einer internationalen ‚kommunikativen' Einmischung ergeben könnten. Das gelangt auch in den Sicherheitsratsprotokollen besonders darin zum Ausdruck, dass grundsätzlich nur auf solche Rechtsverletzungen abgestellt wird und andere Gründe gar nicht erst diskutiert werden:

> C70 (USA): „*The central issue is whether the recent change of Government in Ukraine constitutes a danger Russia's legitimate interests of such a nature (…) that Russia is justified (…). The answer of course is no. The Russian military are secure.*"

Insbesondere der Vorwurf Russlands, europäische Staaten verletzen durch die Solidarisierung mit den Protestbewegungen ukrainische (und russische) Souveränität, wird entsprechend zurückgewiesen:

> C49 (France): „*This is not a situation in which Ukraine is forced to choose between East and West, which would go against all of the values on which the European Union is founded* (…)"

Eine solche Lesart der Sequenzen erscheint auch dadurch plausibel, dass durch den Gebrauch eines Verantwortungsbegriffes im Sinne kollektiver Garantie, der Souveränitätsbegriff weit weniger ‚sensibel' und ‚strikt' ist, als in der Kategorie *8.1.1.2 Rechtsobjekt/Mittel zur Souveränität* rekonstruiert: Internationale Adressierung der Bevölkerung der Ukraine im Sinne effektiver Souveränitätsausübung wird ebenfalls von dieser kollektiven Garantie mit umfasst und stellt mithin gerade *keine* Verletzungshandlung dar. Aus diesem Abschnitt folgt zunächst: In den weit überwiegenden Beiträgen gelangt die Überzeugung zum Ausdruck, die Ukraine als souveräner Staat sei alleiniger Akteur zum (militärischen) Schutz der ukrainischen Bevölkerung (u.a. C37, C42, C73, C128, C144, C147b, C150, C218, C246). Damit verbunden sei auch eine internationale Unterstützung nur gemeinschaftlich vorstellbar (u.a. C74, C86, C109, C110, C130, C146). Gerade diese stelle für sich indes eine *Garantie* und keine Verletzung von Souveränität dar.

Im weiteren Verlauf wurde umso zentraler, wie vor allem westliche Staaten auf subtile bzw. auch nicht-militärische Einwirkungen von Seiten Russlands reagieren. Insbesondere in Sequenzen, die zeitlich nach dem Referendum geäußert wurden, wurde in verschiedenen Memos die Hypothese gebildet, neben der militärischen Aggression, bereits in der vorgelagerten nicht-physischen „Propaganda" von russischer Seite eine

Beeinträchtigung zu sehen. Ein solcher Verweis findet sich in verschiedenen Sequenzen wieder, etwa wenn es zu einem späteren Zeitpunkt heißt:

> (C353 UK): „*Russia has used propaganda and misinformation to exacerbate tensions and destabilize Ukraine*“;
>
> (C348 Lithuania): „*the systematic and well-oiled propaganda war against Ukraine*“; (C349 Lithuania): „*It is time (...) for Moscow to stop interfering into Ukriane's internal affairs*“;
>
> (C345 USA): „*it is hard to reconcile the behaviour of the Russian Federation, the propaganda (...) and the military actions (...) with their appeal for diplomacy*“

Bereits in solchen latenten Einwirkungen wird eine Schwelle zur Souveränitätsverletzung zumindest als berührt betrachtet. Das stellt keinen fundamentalen Wandel, aber eine Erweiterung und *sensibleren* Ausdruck derselben Überzeugung dar. Dass Staaten, die die hier rekonstruierten Überzeugungen teilen, im Zuge „*hybrider*“ (C486) Konfliktführung auf ‚neuere‘ Situationen reagieren und zumindest dort vergleichbare souveränitätsverletzende Handlungen sehen, wo die Schwelle zu einem offensichtlichen Handeln noch nicht überschritten ist, weist zumindest auf eine Wandlungstendenz hin. Zwar konnten im weiteren Verlauf keine weiteren Sequenzen diese Hypothese unterstützen. Vielmehr wird auch weiterhin eine Souveränitätsnorm ‚nur‘ dort als verletzt betrachtet, wo die Ausübung freier Wahlen oder demokratische Willensbildung vor allem durch physische Handlungen unterminiert werden. In der Gesamtschau scheint aber doch plausibel anzunehmen, dass auch solche subtileren, hybriden Handlungen ein völkerrechtliches Vokabular beeinflussen (werden). Hier wurde darin zunächst ein starkes Kontinuitätselement interpretiert, gerade weil die zuvor rekonstruierten Überzeugungen dadurch nicht ‚gewandelt‘ als vielmehr auf eine neue Situation sensibilisiert werden. Zwar stellt das *keine zentrale* Implikation im Sinne der hier gestellten Forschungsfrage dar (die nachfolgend konkreter wird). Es weist aber zumindest theoretisch darauf hin, dass Kontestation schon deswegen nicht bloß als etwas vermeintlich ontologisch-statisch Bestehendes zu verstehen sein kann: Offenkundig weist hier gleichsam die *eigene* Kontestation, auf eine – wenn auch nur angedeutet – verschiebende Gebrauchsweise hin, indem situativ auf neue Herausforderungen reagiert wird.

8.2.2 Kulturell-Politische-Intervention

Darüber hinaus gelangen in weiteren Sequenzen auch Überzeugungen zum Ausdruck, nicht (auch) in russischen-, sondern vor allem in EUropäischen und „westlichen“ Handlungen eine Souveränitätsverletzung sehen. Anknüpfend zur vorherigen Subkategorie lässt sich hier eine weitere Dimension mit einer weit niedrigschwelligeren Verletzung ausmachen, worin im Zuge der Krimkrise Souveränität illegitim berührt sei. Solche Überzeugungen, insbesondere Russlands, Chinas, Venezuelas und Argentiniens, stehen weitestgehend in einem Zusammenhang mit den Kategorien *8.1.1.2 Rechtsobjekt/Mittel zur Souveränität* und besonders *8.1.3.2 Historische Rechte.* Hier gelangt die Überzeugung zum Ausdruck, bereits in der politischen „Einmischung“ in „internal affairs“ sei eine Verletzung einer Souveränitätsnorm begründet, die eine ethnisch-kulturelle Integrität gefährde. Eine solche gehe entsprechend nicht von russischem Handeln aus, sondern von einem „westlichen“. Das ist sodann damit verbunden, im Kontext der Krim sowohl ukrainische Souveränität in „westlichen“ Einmischungen verletzt zu sehen (vgl. Abschnitt *8.2.2.1*), als auch eine russische Souveränität selbst (vgl. Abschnitt *8.2.2.2*).

8.2.2.1 Souveränitätsverletzung der politischen Integrität der Ukraine

In den Sequenzen wirft vor allem Russland, aber auch China und Argentinien EUropäischen Staaten und „dem Westen“ insgesamt eine eklatante Souveränitätsverletzung im Sinne des Völkerrechts durch politische Einmischung vor. Diese legen, „doppelte Standards“ (C500) an und instrumentalisieren so das Völkerrecht. So heißt es beispielsweise zunächst in C15 (Russia):

> „*Why do those street demonstrations need to be encouraged from abroad by members of the European Union? Why did the representatives of several countries of the European Union need to appear at those meetings, which were ignited by protests against a decision taken by the Ukrainian leadership?*“ (vgl. auch C19, C56, C223)

und wird später zunehmend konkreter:

> C158b (Russia): „*But let us understand one thing now: we must all refrain from making any plans for, or falling back on the habit of, violently imposing authority or a philosophy, culture or world view on other people. That is undemocratic and could have very dangerous consequences in Ukraine.*”

Dabei wird explizit eine Teilnahme hochrangiger Politiker aus Staaten der Europäischen Union kausal für die Ausschreitungen und der „*situation through illegal methods, violence and open terror*“ (C56) auf dem Maidan verantwortlich gemacht und darin eine „*blatant interference in the domestic affairs of a State, in blatant disregard for its sovereignty*“ (C225) gesehen. Darin gelangt erneut ein Verständnis zum Ausdruck, dass Souveränität als Schutz vor Einmischung in ‚internal affairs‘ sehr strikt und sensibel auslegt. Auch im weiteren Verlauf der Sicherheitsratssitzungen argumentiert Russland und später zusammen mit China:

> C464 (Russia): „(…) *some members of the Security Council have, as is their custom, expressed unqualified support for all of the actions of the Kyiv authorities, even though the latter represent the party of war. That support is based on their cynical geopolitical calculations that have nothing to do with the interests of the Ukrainian people.*“

„Der Westen” verletzte eine Souveränitätsnorm durch die Einmischung in die „internal affairs” zwar nicht durch militärische Handlungen. Im Sinne der rekonstruierten niedrigen Schwelle (vgl. Abschnitt *8.1.1.1*) wird hier aber bereits auf den losen innenpolitischen Effekt selbst als die relevante Verletzungshandlung abgestellt:

> C518 (Russia): „(…) *the world listens one more time to the story of how Western countries first orchestrated an anti-Government coup in Ukraine and then gave Kyiv carte blanche to do absolutely anything on the pretext of dealing with what it calls the Russian threat and aggression*”; vgl. auch C337.

Eine solche Überzeugung lässt sich auch für China im Sicherheitsrat rekonstruieren, und drückt sich zunächst in einer äußerst kritischen Haltung gegenüber den Protesten in Kiew aus:

> C207 (China): „*China regrets the recent clashes that took place in the streets of Kyiv. China also condemns acts of extremism and violence. Efforts to address Ukrainian affairs should take the lawful rights and interests of all ethnic communities in Ukraine into consideration with a view to restoring the normal social order as soon as possible.*“

China bekräftigt wiederholend, in ukrainischen Straßen müsse „Normalität“ zurückkehren und dafür sei der völkerrechtliche Grundsatz der „*non-interference in the internal affairs*” zentral. Explizit sieht China hier anders als EUropäische Delegationen nicht lediglich die „legal order”, sondern auch die „social order” verletzt und bezieht sich auch hiermit auf eine weit vorgelagerte kulturell-politische Integrität. Die Beschreibung der Situation als C120 „*the recent extreme and violent acts in that country.*" entspricht der russischen Skizzierung. Explizit wird dann auch das Verhalten Russlands von chinesischer Seite an keiner Stelle kritisiert; im Gegenteil lassen sehr vage Formulierungen vielmehr die Lesarten zu, China richte sich gegen ein ‚europäisches Intervenieren' und sehe hierin die angemahnten „principles of non-interference" verletzt:

> C123 (China): „*China consistently stands for the principles of non-interference in the internal affairs of any country and of respect for Ukraine's independence, sovereignty and territorial integrity.*"

Dazu wurde das Memo gebildet: „Memo: (...) Die Sequenz wäre losgelöst vom spezifischen Kontext zunächst allgemein, aber vermeintlich klar verständlich gewesen: Respekt vor Souveränität eines Staates und eine daraus abgeleitete Nicht-Einmischung sind zwei Aspekte eines Souveränitätsbegriffes. Im hier bestehenden Kontext scheint die Sequenz aber gerade deswegen unklar und offen, weil zwei Lesarten denkbar sind, die sich auch in der Auseinandersetzung [im Sicherheitsrat] gegenüberstehen: Erstens ist umstritten, wer genau Souveränitätsrechte verletzt hat: Russland durch militärische Handlungen oder europäische Staaten durch ein erosionsartiges ‚Eingreifen' in Proteste innerhalb der Ukraine. Zweitens ist mit derselben Frage dann auch umstritten, auf welche Art von Einmischung in interne Angelegenheiten sich hier genau bezogen wird. Die Offenheit ergibt sich in erster Linie daraus, dass im kurzen Absatz zuvor, der Konflikt als interne Angelegenheit geframed wird und in Folge jegliche internationale Einmischung unterbleiben solle (...). Näherliegend erscheint insofern ein Bezug – mindestens auch – auf eine ‚europäische Einmischung'" (vgl. auch C208). Dass China hier auf das Prinzip der „Non-Interference" immer im Kontext der Protestbewegung und einer russischen Kritik an die Rolle europäischer Staaten verweist, verdeutlicht das umso mehr. Eine solche Lesart verdichtet sich im weiteren Verlauf kontinuierlich, beispielsweise auch in der gemeinsamen „Declaration on the Promotion of international Law" Russlands und Chinas:

> C497 (Russia/China): „*The Russian Federation and the People's Republic of China fully support the principle of non-intervention in the internal or external affairs of States, and condemn as a violation of this principle any interference by States in the internal affairs of other States with the aim of forging change of legitimate governments. The Russian Federation and the*

People's Republic of China condemn extraterritorial application of national law by States not in conformity with international law as another example of violation of the principle of non-intervention in the internal affairs of States."

Für Argentinien und Algerien sowie Kasachstan wurde bereits oben auf den Dreischritt „*military, political or economic*" (vgl. C365) als drei zu schützende Dimensionen von Souveränität hingewiesen, die mithin wesentlich weiter gefasst sind und auch nicht-militärisches Handeln als Souveränitätsverletzung im Sinne des Völkerrechts verstehen. Dass ein solcher Vorwurf als völkerrechtlich relevant verstanden wird, drückt sich auch in einer Demokratisierungs-Kritik aus, die durchaus eine postkoloniale Lesart suggeriert:

> C155 (Russia): „*Let us not be fooled into believing that any change of Government, especially if it is violent, leads to democracy. Some of our western colleagues seem to think that this is the case. We would like to see the process under way in Ukraine lead to the establishment of genuine democracy in that country.*".

> C311 (Russia) „*We have taken note of the reaction of a number of our western partners who simply cannot rid themselves of the imperial colonial habits of attempting to impose their writ on other peoples and countries*" (vgl. auch C360).

Wie bereits in der Kategorie *8.1.2.1* rekonstruiert wurde, wird folglich auch der Ukraine selbst als eine solche durch „*interference in internal affairs*" und einem durch „*change of legitimate government*" gebildeten Regierung die Legitimität abgesprochen. Der direkte Bezug zu einer als Souveränitätsverletzung verstandenen „Einmischung" des ‚Westens' wird in C357 (Russia) deutlich:

> „(...) *it is impossible to figure out which parts [des ukrainischen Beitrags] is his own and which parts are borrowed from some mystery source* (...)" und C350, „*it is hardly likely that anyone can have any illusion about the independence of Kyiv's actions* (...)", [weil westliche Staaten] „*constantly whispering things in the ears of the Ukrainian leaders they sponsor*".

Auch Putin bezieht sich in seiner Rede vor dem Kreml explizit auf solche „Einmischungen" und kritisiert zunächst vehement ein westliches Verhalten auch in anderen Konflikten, „*[to] prefer not to be guided by international law in their practical policies* (...)" und stattdessen „*[t]hey have come to believe in their exclusivity and exceptionalism, that they can decide the destinies of the world*“[46] (C422). Das souveränitätsverletzende Moment wird explizit auf eine ethnisch-kulturelle Dimension gestützt:

> „*Standards were imposed on these nations that did not in any way correspond to their way of life, traditions, or these peoples' cultures. As a result, instead of democracy and freedom, there was chaos, outbreaks in violence and a series of upheavals.*“ (C423).

Dies sei auch im Kontext der Ukraine der Fall und eine Einmischung mithin explizit eine völkerrechtswidrige Souveränitätsverletzung dieser Art:

> C424 (Russia): „*we understand what is happening; we understand that these actions were aimed against Ukraine and Russia and against Eurasian integration. And all this while Russia strived to engage in dialogue with our colleagues in the West.*“

Hier gelangt zusammenfassend also die Überzeugung zum Ausdruck, bereits in der weit vorgelagerten „Einmischung" in interne Angelegenheiten, eine kulturell-politische Integrität verletzt und mithin eine Souveränitätsverletzung im Sinne des Völkerrechts zu sehen[47].

8.2.2.2 Souveränitätsverletzung der (russischen) ethnisch-kulturellen Integrität

Der zentrale Punkt einer solchen Überzeugung liegt nun aber darin, dass in einer ‚europäischen Einmischung' nicht nur eine Souveränitätsverletzung der Ukraine, sondern mittelbar über eine ethnisch-kulturelle Integritätsverletzung auch eine russische *selbst* gesehen wird: „*against Ukraine and Russia and against Eurasian Integration*" (C424). Hier wird die kulturell-ethnische Dimension eines solchen Souveränitätsverständnisses umso deutlicher. Das gelangt darin zum Ausdruck, wie sehr sich auf gemeinsame ethnisch und kulturell-historische Aspekte bezogen wird, die verletzt seien. So heißt es bereits im ersten Abschnitt der russischen Delegation in der Sicherheitsrats-Sitzung vom 3. März 2014:

> C53 (Russia): „*The Russian Federation initiated the convening of today's meeting of the Security Council because events in our brotherly neighbour Ukraine raise deep concerns for us.*“

---

[46] Mit explizitem Verweis auf dem Irak, der Flugverbotszone in Libyen und dem Kosovo, vgl. C422.

[47] Vgl. die im Anhang aufgeführten Memos zur gemeinsamen Declaration Russlands und Chinas.

An verschiedenen Stellen irritiert vor dem Hintergrund der anhaltenden Vorwürfe gegenüber Russland nach schweren Territorialverletzungen durch die weit überwiegenden Delegationen im Sicherheitsrat und der Ukraine selbst, wie Russland dennoch die Verbundenheit betont:

C12 (Russia): „*There was and remains our fraternal country of Ukraine, our neighbour.*"

C66 (Russia): „(…) *it is a brotherly country to which we are bound by many centuries of common history*".

Dem steht ein Auftreten gegenüber der ukrainischen Delegation (der neuen und als illegitim befundenen Regierung) im Sicherheitsrat entgegen, was die Lesart nahelegt, es handelt sich geradezu um Vorwürfe der Loyalitätsverletzung gegenüber einer ethnischen statt rein positivrechtlich begründeten Souveränität im Kontext einer solchen „*common history*":

C152 (Russia): „*First of all, I would like to welcome my Ukrainian colleague, Mr. Sergeyev, with whom I have been working for quite some time here at the United Nations. I congratulate him on the fact that today he spoke not only in English and French, but also in Russian. It was the first speech that I can recall him delivering in Russian. I should like to tell him, better late than never! I hope we will hear other speeches from my Ukrainian colleague in Russian, although, as we heard, he is also very competent in English and French.*"

Das wird darin noch verstärkt, welchen immensen Stellenwert Russland überhaupt der russischen Sprache in der Region beimisst:

C228 (Russia): „*They [die neue ukrainische Regierung] have done their best, however, to antagonize the eastern and south-eastern regions of Ukraine. First of all, they got rid of a law on languages that afforded official status to the Russian language, and then they eliminated the Russian-language versions of Government websites. Instead of engaging in dialogue, Kyiv sends its political commissars to the eastern region. Those who dissent are arrested, as happened with a popular governor of the Donetsk region who stated that he intended to participate in the presidential elections, and with former Governor Dobkin of the Kharkiv oblast. The fact is, the Kyiv authorities themselves are splitting their country in two.*"

Diese Interpretation, eine Souveränitätsverletzung bereits in der bedrohten russisch-kulturellen Integrität zu sehen, wird in C351 besonders plausibel, wo es heißt: „*The Russian language is gradually being pushed out of circulation*". Verstärkt wird das noch dadurch, wenn Russland argumentiert, „*the issue is one of defending our citizens and compatriots, as well as the most important human right – the right to life*" (C62) (vgl. auch C158) und stellt für das „right to life" auf die angesprochene Verdrängung von Sprache und kultureller Integrität der Regionen ab. Hierin gelangt die Überzeugung zum Ausdruck, Souveränität nicht nur an kulturell-ethnische Aspekte zu knüpfen (vgl. Abschnitt *8.1.3.2*), sondern dessen Verletzung zugleich als eigene Souveränitätsverletzung zu verstehen. Dass das kulturell-historische „Band" damit in der Tat auch einen völkerrechtlichen Standard setzt, drückt sich darin aus, wie unterschiedlich eine „wirtschaftliche und politische" Unterstützung der Ukraine bewertet wird. Während eine solche durch die Europäische Union und andere westliche Staaten, wie dargestellt als starker Eingriff und geradezu imperialistischer ‚Übergriff' bewertet wird, wird ein eben solch eigenes Handeln als brüderliche Unterstützung der – ethnisch-russisch geprägten Krim – dargestellt:

> C358 (Russia): „(…) *the Crimean Tatars will be able to take advantage of the fact that not only will their social, economic and other issues be dealt with by the Russian authorities, who are given them the attention they need* (…)".

Das Auseinanderfallen zwischen wiederholt geäußerten historisch-kulturellen „Banden" und dem Auftreten gegenüber der ukrainischen Delegation selbst, legt die Lesart nahe, dass sich hier auf unterschiedliche Gruppen bezogen wird. Einerseits – überspitzt formuliert – das ‚westliche Sprachen sprechende und an Westeuropa orientierte Kiew' und andererseits den ‚eigentlichen Ukrainern' mit gemeinsamem historisch-kulturellen „Band" und gemeinsamer Sprache: Gerade in der Beeinträchtigung kultureller Integrität bestehe einer solchen Überzeugung nach, eine Souveränitätsverletzung. Diese werde durch ukrainische und westlich unterstützte Einflüsse bereits dadurch verletzt, dass der eigenständige autonome Status dieser „compact area[s]" (C359) graduell durch den geringeren Einfluss russischer Sprache und Kultur nicht weiter unberührt bleibt.

8.2.2.3 Bevölkerungsschutz: Ethnisch-Zugehöriger Staat

Aufbauend auf den bisherigen Rekonstruktionen ergibt sich sodann ein eigenständiger Begriff von ‚Schutzverantwortung', der von Russland, aber auch weiteren Staaten, insbesondere China, geteilt wird. Dieser knüpft an zwei zuvor rekonstruierte Überzeugungen an: Erstens, in der niedrigschwelligen politischen „interference“ liege eine völkerrechtlich relevante Handlung der Souveränitätsverletzung, die zweitens explizit auch eine ethnisch-kulturelle Integrität und immanent-historische Rechte berühre. Aus beiden resultiert dann, wer einer solchen Überzeugung nach legitimerweise für den Schutz entsprechender Bevölkerungsgruppen und Regionen verantwortlich sein könne. Diese Verantwortung liege beim ‚ethnisch-zugehörigen‘ Staat[48] *allein*: Derjenige Staat also, dessen mit historischen und ethnisch-kulturellen Banden („*common history*“) begründete ‚weitere Souveränität‘ gleichsam mit berührt werde, könne Schutzhandlung legitimerweise ausüben. Dieser sei sodann zu einem Akt der Schutzverantwortung berechtigt, wenn eine ebensolche historisch-kulturell ‚zugehörige‘ Region („Band“; „brotherly neighbour“) in ihrer Integrität bedroht sei. Hier handle es sich sodann auch gerade nicht um eine Ausnahme oder gar Durchbrechung einer ansonsten ‚unteilbaren Souveränitätsnorm‘, denn durch eine ethnisch-kulturelle und historische Zugehörigkeit spiele sich eine solche Schutzhandlung noch im Rahmen einer ‚gemeinsamen‘ oder ‚erweiterten‘ Souveränität statt. Eine solche Lesart mag vor dem Hintergrund der IB-Literatur zu Konstruktionen wie der *Responsibility to Protect* irritieren, ist aber durchaus vergleichbar: Auch hier stellt ein solcher Begriff von ‚Schutzverantwortung‘ wie dargestellt keinen Bruch mit grundsätzlichen Vorstellungen (etwa russischer oder chinesischer Überzeugungen) einer Souveränitätsnorm dar – sie fügt sich vielmehr in einem solchen Völkerrechtsverständnis nahtlos ein. Dass das der Fall ist, ergibt sich schon aus dem grundlegenden Verständnis und der Begründung von Souveränität als immanentes und historisch gewachsenes Recht eines Staates: In einem solchen Kontext, macht es einen zentralen Unterschied, welcher Staat *wo* und mit welchen *Gründen* auch in völkerrechtlichen Begriffen legitim eingreifen kann.

Damit wird nicht nur das ‚westliche‘ Konzept der Schutzverantwortung, das die Spannung von Souveränität und Verantwortung in humanitären Gründen überbrückt sieht, besonders von Russland, China und Argentinien mit Verweis auf die Unteilbarkeit staatlicher Souveränität völkerrechtlich delegitimiert. Darüber hinaus zeigt sich auch ein Gebrauch des Völkerrechts, das ähnliche ‚Schutzhandlungen‘ in historischen Rechten statt in einer kollektiven Verantwortung der internationalen Gemeinschaft legitimiert sieht und entsprechend *ausschließlich jenen* Staat mit entsprechender historisch-kultureller Verbundenheit

[48] Der Begriff taucht so in den Sequenzen nicht auf, wurde hier aber zur Verdeutlichung gewählt.

zuspricht. Darin lässt sich nachfolgend eine sehr zentrale Implikation im Sinne der Forschungsfrage skizzieren, weil damit eine ‚neue' Lesart von ‚Schutzverantwortung' aufgezeigt werden kann. Das ist umso zentraler, als dass gerade Russland und China eine westliche Konstruktion von Schutzverantwortung bislang vollkommen abgelehnt haben (vgl. unten im Kontrast zur Kosovo Frage). Eine solche Rekonstruktion deckt sich mit der oben aufgeführten Überzeugung, der Grundsatz „*handling its own affairs*" (C344 Argentina) gelte gerade auch für den Schutz der Bevölkerung. Falle die betreffende Region aber nicht bereits mit den international anerkannten Grenzen zusammen, sei es durchaus legitim und zumindest mit weit niedrigeren Hürden verbunden, dass der über historische Rechte ‚zugehörige' Staat eine solche Schutzaufgabe wahrnehme. Das gelangt in den Sequenzen zunächst darin zum Ausdruck, dass Russland ein ansonsten entstehende rechtliche ‚Vakuum' betont:

> C240 (Russia): „(...) *as a result of the legal vacuum created by the violence coup against the legitimate Government carried out by nationalist radicals in Kyiv, as well as by their direct threats to impose their order throughout the territory of Ukraine.*"

So wird danach gefragt, „*who is in authority in Kyiv?*" (C313) und schließlich müsse auch der „Westen" eingestehen,

> „*[they] were fully aware that there are millions of Russians living in Ukraine and in Crimea. They must have really lacked political instinct and common sense not to foresee all the consequences of their actions*" und mithin C425 „(…) *accept the obvious fact: Russia is an independent, active participant in international affairs; like other countries, it has its own national interests that need to be taken into account and respected.*".

Solange unter der Souveränität eines anderen Staates die Rechte, d.h. konkret die einflussfreie „Existenz"[49], russisch-ethnischer Minderheiten nicht berührt sei, wird eine solche positivrechtliche Grenzziehung zunächst akzeptiert. Jedoch wird von den ‚eigentlichen' historischen Rechten abgelöst, wenn diese Autonomie durch (latenten) Einfluss unterminiert werde:

> C414 (Russia): „(…)*we expected Ukraine to remain our good neighbour, we hoped that Russian citizens and Russian speakers in Ukraine, especially its southeast and Crimea, would live in a friendly, democratic and civilised*

[49] Zu diesem zentralen Begriff siehe weiter unten der Gebrauch des Kosovo- „Präzedenzfalls".

state that would protect their rights in line with the norms of international law. However, this is not how the situation developed. Time and time again attempts were made to deprive Russians of their historical memory, even of their language and to subject them to forced assimilation".

Für die Rekonstruktion einer solchen Überzeugung war die konkrete Verwendung des Kosovo als Präzedenzfall im Kontext der Krimkrise hoch relevant. Die Analogie zur Unabhängigkeit Kosovos wird von der russischen Delegation sowohl im Sicherheitsrat wiederholend aufgeführt und ausführlich auch in einer Rede Putins am 18. März 2014 im Kreml verwendet. Dabei wird argumentiert, durch die Anerkennung der einseitigen Unabhängigkeitserklärung des Kosovos 2008 habe „der Westen" „*a precedent, (...) with their own hands*" (C418) geschaffen und auch der ICJ habe in seiner Entscheidung von 2010 festgestellt, dass sich weder aus Völkerrecht, noch aus Völkergewohnheitsrecht ein grundsätzliches Verbot solcher Unabhängigkeitserklärungen ableiten lasse. Auch auf die Stellungnahme der USA, die 2009 neben 36 weiteren Staaten ein Statement zum Advisory Proceeding des ICJ eingereicht hatten, wird wörtlich zitiert: „*[USA:] Declarations of independence may, and often do, violate domestic legislation. However, this does not make them violations of international law.*" (Ebd.). Es sei deswegen nicht nachvollziehbar, so Putin und auch die russische Delegation im Sicherheitsrat, warum ein solches Recht zur Unabhängigkeit in der „ähnlichen Situation" der Krim nicht auch der Krim-Bevölkerung zustehen solle (C419).[50] Der Bezug und der genaue Gebrauch der Kosovo Entscheidung war für die Rekonstruktion einer solchen Überzeugung schon deswegen nicht marginal, weil vor dem Hintergrund des bisherigen Kategoriensystems bereits die Bezugnahme als solche irritiert: Hier handelt es sich um Entscheidungen über (Schutz-) Interventionen und die Anerkennung einer Unabhängigkeitserklärung, über die sich besonders Russland sowohl 1999 als auch in einem Statement an den ICJ 2009 äußerst empört geäußert hatte und die „*blatant breach of*

[50] Russland schließt hier in der Tat an eine beispielhafte ‚westliche' Position an, die vor allem von europäischen und NATO-Staaten im Kontext des Kosovos geäußert wurden und die es zur „Natur der Sache" erklärt hatten, dass verfassungsrechtliche Bezüge eher sekundär zu beachten seien. So hatte Großbritannien sogar die „*Irrelevanz of internal Law*" vertreten und argumentiert, „*domestic legality or illegality of an act does not determine whether it is in accordance with international law or is capable of producing effects under international law. International law is a distinct legal order with its own criteria of legality and validity and its own autonomous standards for determining the legal effects of conduct of public authorities.*" (Statement UK ICJ 2009: 85, Rn.5.2).

international Law“ etwa durch die Unabhängigkeit von Serbien kritisiert hatte (C381). Tatsächlich hatte Russland im Kosovo Fall eine „*absolute priority*“ (C363) staatlicher Souveränität betont und kennt auch eine Unabhängigkeit bis heute nicht an. Die russische Delegation sei „*profoundly outraged*“ (C361) und die „*unilateral declaration of independence by the Kosovo Albanian leadership [is] null and void*“ (Ebd.). Auch mit Bezug die in diesem Kontext später diskutierte Schutzverantwortung und einer Ausnahme vom Prinzip der staatlichen Souveränität aus humanitären Gründen, wurde von einer Gefährdung der „Stabilität des gesamten modernen multipolaren Systems der internationalen Beziehungen“ (C361) gesprochen, die zu „*destructive consequences for international relations that took decades to build*“ (C389) führe. Eine Rekonstruktion der sich hier ausdrückenden Überzeugungen ‚stolpert‘ in gewisser Weise also zunächst über die Analogie Russlands für den Kontext der Krimannexion 2014 als solche, weil sich durchaus von einem Bruch in der russischen Argumentation sprechen ließe. Eine ähnliche Irritation ergab sich sodann auch aus der zurückhaltenden Rolle unter anderem Chinas und Argentiniens in Reaktion auf den von Russland vorgebrachten Kosovovergleich, weil auch diese beiden Staaten die Schutzintervention der NATO aufs schärfste verurteilt hatten (C377, C390).

Der Kernpunkt, wie der Kosovo Präzedenzfall gebraucht wird, drückt sich nun darin aus, dass insbesondere in der Rede Putins rhetorisch gefragt wird, worin das „Spezielle“ als eine Ausnahme von staatlicher Souveränität rechtfertigende Element liegen solle:

> „*We keep hearing from the United States and Western Europe that Kosovo is some special case. What makes it so special in the eyes of our colleagues? It turns out that it is the fact that the conflict in Kosovo resulted in so many human casualties. Is this a legal argument? The ruling of the International Court says nothing about this. This is not even double standards; this is amazing, primitive, blunt cynicism. One should not try so crudely to make everything suit their interests, calling the same thing white today and black tomorrow. According to this logic, we have to make sure every conflict leads to human losses.*“ (Putin 2014: C420).

Infolgedessen sei auch die Durchbrechung einer absoluten Priorität der staatlichen Souveränität in „*arguments about preventing a humanitarian catastrophe in Kosovo are completely untenable*“ (C364). Zwar sei der Schutz von Menschenrechten im Rahmen des humanitären Völkerrechts „*essential*“, auch dies könne aber ausschließlich unter

Zustimmung und dem Vorbehalt unteilbaren Vorrangs staatlicher Souveränität erfolgen. Die Argumentation über das „spezielle" Element zur Rechtfertigung einer Unabhängigkeit oder Intervention nimmt hier entsprechend eine Schlüsselrolle für die gestellte Frage nach Implikationen ein. Zwei Lesarten erscheinen plausibel:

Eine erste Lesart ergibt sich aus dem Gebrauch in den jeweiligen Kontexten. Im Fall des Kosovos hatte sich das russische Statement an den ICJ von 2009 auf die Friendly Relations Declaration der UN-Generalversammlung von 1970 bezogen. Russland bezieht sich hier speziell auf die „Safeguard Clausel"[51] und interpretiert diese als eine vorangestellte Schutzklausel zur Einhaltung staatlicher Souveränität: Ihr primärer Zweck liege darin, „*to serve as a guarantee of territorial integrity of States*" (C399) und lasse deswegen grundsätzlich und andere Interpretationen sperrend nur solche Anwendungen zu, nach der Eingriffe in die Souveränität „*arises only in the most extreme cases and, even then, under carefully defined circumstances*" (Ebd.). Abschließend und ausschließlich dann, wenn anhaltende „*outright armed attack by the parent State, threatening the very existence of the people in question.*" (C400, C401) vorliegen, sei ein Sezessions- oder Interventionsrecht gegeben. Wie hoch Russland hier die Schwelle anlegt wird darin deutlich, dass im Fall Kosovo diese „*extreme circumstances*" „*not even close*" erreicht worden seien (Ebd.). Dass Russland für die Krim nun ausgerechnet eine Analogie zu diesem Fall zieht, ließe sich losgelöst vom weiteren Kontext bereits als solche als Wandlungselement interpretieren, und die Hypothese formulieren, Russland nähere sich – in paradox anmutender Weise – im Kontext der Krim einer ‚westlichen' Völkerrechtsinterpretation an. Bereits das bloße Abweichen von einer oben rekonstruierten Überzeugung unteilbarer staatlicher Souveränität, die keinerlei Durchbrechungsgründe zulässt, ließe sich als fundamentale Implikation im Sinne der Forschungsfrage interpretieren. Eine solche Überzeugung würde sich stark widersprüchlich zu bislang gebildeten Kategorien verhalten[52] und ergibt sich auch nicht schlüssig aus *allen* Sequenzen.

Eine zweite Lesart scheint insofern plausibler, wenn stärker der breitere Kontext beider Situationen einbezogen wird. Zentral ist hierbei, dass zwar detailliert auf ein solches westliches Souveränitäts-

[51] ICJ Statement Russia 2009: S.30ff.

[52] So reagiert auch die französische Delegation mit der ironischen Bemerkung, ob man mit der Anerkennung des Kosovos durch Russland rechnen müsse (C189, C190).

verständnis und einen für das Völkerrecht nicht unbedeutenden Präzedenzfall Bezug genommen wird; dieser wird nun aber eher in einer Weise gebraucht ebendiese Standards zu delegitimieren und als völkerrechtlich willkürlich und damit als rechtsdogmatisch ungeeignet darzustellen. Stattdessen wird die Krimkrise in einen breiteren historischen und kulturellen Kontext gestellt, und gerade darin das „spezielle" Element gesehen, dessen Interpretation in humanitären Gründen zuvor als nicht geeignet kritisiert wurde. In der Bezugnahme zum Kosovo Präzedenzfall im Kontext der Krim gelangt die Überzeugung zum Ausdruck, stattdessen in einem historischen und kulturellen Bezugsrahmen das „Spezielle" Element zu sehen, dass dann durchaus auch die Schwelle wesentlich herabsetzt, wann ein Sezessions- bzw. Interventionsrecht begründet sei. In diesem Kontext der Krim gelte nun – und explizit wegen des „speziellen" breiteren Kontextes eines historisch-ethnischen Bandes – aber nicht mehr die Schwelle der „*very existence*" (C400), sondern lediglich, „*when further coexistence within a single State becomes impossible*" (C263). Die Unterscheidung mag marginal erscheinen, ist in den verwendeten Kontexten aber fundamental und weist auf eine grundlegende Implikation im Sinne der Forschungsfrage hin: Während im Kontext eines mit *humanitären Gründen* gerechtfertigten Eingriffs westlicher Staaten eine nahezu unüberwindbare Schwelle angesetzt wird, die bestehen müsse, um eine Durchbrechung einer Souveränitätsnorm völkerrechtlich zu legitimieren, wird hingegen im Kontext eines *historisch-ethnischen „Bandes"* zwischen einem intervenierenden Staat und einer durch eine gemeinsame, historisch ‚gewachsenen' Kultur geprägten „compact area", lediglich auf die Unmöglichkeit einer weiteren Koexistenz abgestellt. Der kontextbezogene Gebrauch ist es hier, der in einer solchen Überzeugung den wesentlichen Unterschied macht und „das spezielle" Element begründet: Dass allein eine humanitäre Begründung *oder* doch der Verweis auf einen Integritätsverlust eines historisch-ethnischen Bandes entscheidend sei, ob entweder die „grundlegende Existenz" einer Bevölkerungsgruppe oder lediglich die „weitere Koexistenz" vorliegen müsse, ist in völkerrechtlichen Begriffen ein fundamentaler Unterschied. Auch wenn die russische Argumentation hier nicht schlüssig erscheint – weil die Annexion der Krim mit dem Selbstbestimmungsrecht der Völker und einem daraus von Russland abgeleiteten Recht zur ‚Unabhängigkeit' der Krim von der Ukraine mit späterer ebenfalls ‚selbstbestimmter' Eingliederung an Russland verglichen wird – so ändert das zumindest nichts an der Plausibilität der rekonstruierten Überzeugung: Ganz offensichtlich macht es für Russland, aber auch China, Argentinien oder Venezuela auch in völkerrechtlichen Begriffen einen zentralen Unterschied, ob eine Intervention mit humanitären Gründen oder doch mit einer von außen ‚gestörten' ethnisch-kulturellen und historischen Verbundenheit begründet wird. Dadurch werden historische Rechte wesentlich aufgewertet und entsprechend der Kategorie (vgl. Abschnitt *8.1.1.2*) die unteilbare Priorisierung immanent zustehender Souveränitätsrechte umso deutlicher.

Mit Rückblick auf diese Kategorie, in der eine solche Gebrauchsweise des Völkerrechts als abwehrendes „Mittel" vor Einmischung jeglicher Art beschrieben wurde, wird dann auch die bloße Unterscheidung der je nach Kontext zugrunde gelegten Schwellen schlüssig: Während der Schutz eines „historisch-ethnisches Bandes" gerade als Aufrechterhaltung einer (historisch gewachsenen und immanenten) staatlichen Souveränität begriffen wird, durchbreche hingegen eine ‚westliche' Begründung mit Verweis auf humanitäre Gründe als außer-souveränitätsrechtlichen Maßstab eine solche Souveränität. Eine solche humanitäre Begründung findet in einem *solchen* Sprachspiel von Souveränität keinen Platz und kann nicht als völkerrechtlicher Grund verfangen. Entscheidend ist mithin, *wer* mit welchem *Kontext* eingreift. Während dann also humanitäre Gründe aus einer solchen Überzeugung als willkürlich kritisiert werden, wird stattdessen ein Schutzeingriff des historisch-kulturell verbundenen Staates hingegen ‚denkbar'. Dass sich ein solcher ‚denkbarer' Grund im Zuge der Krim herausbildet, stellt eine zentrale Implikation für das Völkerrecht dar, weil etwas ‚Neues' in der Welt steht und bei einigen relevanten Akteuren auf Akzeptanz stößt. Die zentrale Implikation, die sich im Kontext der Krimannexion und besonders in der Kontrastierung mit dem Gebrauch des Kosovo-Präzedenzfalls rekonstruieren lässt, ist die veränderte Verwendung einer historisch-ethnischen Auslegung des Völkerrechts selbst. Einer solchen kommt im Zuge der Krim eine andere Funktion zu: Während Russland auch noch 2014 für den Kosovo Fall auf eine absolute Priorität einer historisch gewachsenen Souveränität verweist und damit abwehrend jegliche Einmischungen ‚des Westens' als Völkerrechtsverletzung versteht, dienen ebenjene historische Rechte im Kontext der Krim wesentlich proaktiver zur Begründung einer Intervention. Das ist keine marginale Implikation, weil mit einer solchen Auslegung nicht lediglich andere Staaten zu einem restriktiven Handeln ermahnt werden, sondern auch eigene Gründe für ein proaktiveres Auftreten in den internationalen Beziehungen bestehen.

Eine zweite interessante Implikation ergibt sich sodann auch daraus, dass unter anderem der chinesischen und argentinischen Delegation im Sicherheitsrat eine solche niedrige Schwelle in ethnisch-kulturellen und historischen Umständen anerkennen und teilen. Beide nehmen zwar explizit keinen Bezug auf die Kosovoanalogie, gerade dies scheint aber in Kontrastierung mit ihren im Kosovofall zum Ausdruck gelangenden Überzeugungen zentral. Ähnlich wie Russland hatte Argentinien „*great concern[s]*“ (C371) gegen eine solche Intervention geäußert. Es wurde argumentiert und sich weitestgehend Russland angeschlossen, dass in Folge der Nichtmandatierung durch den Sicherheitsrat die Verantwortung auch im Kontext drohender humanitärer Gefahren strikt weiter alleiniges Souveränitätsrecht Jugoslawiens sei (C371a). Besonders eng fällt die Auslegung bei der chinesischen Delegation aus. In der Kosovo-Intervention liege eine „*blatant violation*“ (C373) der UN-Charter vor, der sich China „*strongly*“ entgegenstelle. Anders als Russland und Argentinien geht China hier einen wesentlichen Schritt weiter und knüpft nicht lediglich an dem fehlenden UN-Mandat an, sondern widerspricht einer Intervention in „internal affairs“ grundsätzlich: „*We oppose interference in the internal affairs of other States, under whatever pretext or in whatever form*“ (C374). Die Lesart, hier eine „grundsätzliche“ Ablehnung zu interpretieren, wird nicht nur durch die Wortwahl als solche nahgelegt, sondern den konkreten Kontext, indem es gerade darum ging, welche Rechtfertigungsgründe dazu geeignet sein könnten, einen solchen Eingriff zu rechtfertigen. Entsprechend fiel auch das Abstimmungsverhalten und dessen Begründung zu einem abschließenden Resolutionsentwurf aus, dem Russland mit der Begründung zustimmte, damit einen geordneten und mandatierten Weg zu finden (vgl. C380). China enthielt sich zwar lediglich der Stimme, argumentierte aber weiter,

> C382a (China): „*Fundamentally speaking, ethnic problems within a State should be settled in a proper manner by its own Government (...). They must not be used as an excuse for external intervention, much less used by external States as an excuse for the use of force. Otherwise, there will be no genuine security for States and no normal order for the world*“.

Der Resolution, die ein Mandat zu internationaler Intervention und „Aussetzung“ der Souveränitätsrechte vorsehe, werde nur deswegen mit „*great difficulty*“ kein Veto entgegengesetzt, weil die Regierung einer solchen bereits zugestimmt habe (C383). Im Kontext der Krim und der Debatte im Sicherheitsrat bezieht sich die chinesische

Delegation hingegen nicht mehr auf den Kosovo. Auch Russlands mehrfachen Verweisen darauf wird nichts entgegengesetzt. Darin wurde die zum Ausdruck kommende Überzeugung interpretiert, der Argumentation Russlands grundsätzlich zuzustimmen oder zumindest soweit zu akzeptieren, dass die „unteilbare“ Priorisierung staatlicher Souveränität offenbar als nicht hinreichend verletzt gesehen wird, einen ähnlichen massiven Widerspruch gefordert zu sehen. Darin wurde weiter interpretiert, Argentinien und China akzeptieren eine russische Interpretation und teilen die Auffassung, in historischen Rechten völkerrechtlich legitime und mit einer unteilbaren Souveränität zu vereinbarenden Gründe für russisches Handeln auf der Krim zu sehen. Insofern lässt sich auch für eine Überzeugung Argentiniens oder Chinas nicht lediglich von einem ‚Bruch‘ sprechen, weil deutlich wird, dass sie eine Interpretationsweise teilen, in der aufgrund der unterschiedlichen historischen Umstände einerseits der Kosovo Fall als Völkerrechtsbruch markiert wird, andererseits der Fall der Krim hingegen gerade nicht als völkerrechtlich problematisch beschrieben wird. Das wird auch vor dem Hintergrund des bisherigen Kategoriensystems schlüssig, das auf eine zunehmende Übereinstimmung in zentralen völkerrechtlichen Überzeugungen hinweist. Letztlich wird eine ähnliche Sichtweise auch im Kontrast deutlich, wenn Argentiniens, Chinas, Kasachstans oder Venezuelas anhaltend eine „interference“ durch westliche Staaten anmahnen und demgegenüber eine Akzeptanz russischen Handelns auf der Krim vor dem Hintergrund der historischen Umstände zum Ausdruck bringen.

9. Schlüsselkategorien

Im Anschluss an das präsentierte Kategoriensystem sollen nachfolgend zwei Schlüsselkategorien zusammengeführt werden, die das Rekonstruierte *im Zusammenhang* darstellen. Das Formulieren von Schlüsselkategorien ist für Grounded Theory Praktiker ein unumstrittener und deswegen oftmals ausgelassener Schritt (vgl. etwa Roos 2010: 107f.). Eine Schlüsselkategorien stellt jene „Kategorie [dar], die aus Sicht des Forschers den höchsten Integrationswert (…) im Hinblick auf das interessierende Phänomen aufweist" (Panetta 2012: 52) und „die [dadurch] alle übrigen Kategorien am ehesten zusammenhält (miteinander verknüpft)" (Strauss 2004: 448). Der Reiz liegt darin, das Kodesystem nicht lediglich weiter sukzessiv zu verdichten, sondern in einer konzentrierten Weise bereits *bestehende* Kategorien ‚selektiv' zuzuspitzen, sodass sie sich zu einer Variablen steigern, hin zu einer im Idealfall ‚zwingenden' Gesamtinterpretation. Die damit hergestellte Deutlichkeit stellt sodann den ‚Schlüssel' zum übrigen Kodesystem dar.

Hier wird dieser Schritt in einer stark abgewandelten Form vorgenommen, weil grundsätzlich mit Wittgenstein darauf verwiesen wird, mit der Rekonstruktion zentraler Gebrauchsweisen bereits alles gesagt zu haben (Z: §314). Gerade die hier vorgenommene Verknüpfung der Grounded Theory Methodologie mit der Sprachphilosophie Wittgensteins und einer Nutzung für die Normenforschung macht es jedoch attraktiv, das Rekonstruierte *im Zusammenhang* darzustellen – also das breite Bild der Implikationen zu verdeutlichen. Im Sinne der emanzipatorischen Empfehlung von Strauss und Corbin wird damit ein Mittelweg gewählt, der diesen Schritt nochmals auf die konkrete Frage nach Implikationen normkontestierenden Handels für das Völkerrecht anpasst. Dieses spezifische Erkenntnisinteresse wurde oben gerahmt durch ein von Wittgenstein inspiriertes Normverständnis, für dessen genuin immerzu Kontinuitäts- *und* Wandlungselemente enthaltenden Charakters, auf Wittgensteins Flussbild verwiesen wurde:

> „Die Mythologie kann wieder in Fluss geraten, das Flussbett der Gedanken sich verschieben. Aber ich unterscheide zwischen der Bewegung des Wassers im Flussbett und der Verschiebung dieses; obwohl es eine scharfe Trennung der beiden nicht gibt.
>
> Ja, das Ufer jenes Flusses besteht zum Teil aus hartem Gestein, das keiner oder einer unmerkbaren Änderung unterliegt, und teils aus Sand, der bald hier bald dort weg- und angeschwemmt wird." (ÜG: §§97, 99).

Für die Implikationen normkontestierenden Handelns kommt es mithin maßgeblich auf die „Verschiebung“ des „Flussbettes“ an. Damit wird nachfolgend zwar grundsätzlich auf den hier rekonstruierten Gebrauch zentraler völkerrechtlicher Normen verwiesen – mit dem alles gesagt ist – zugleich aber die Verschiebungen selbst nochmals konzentriert und kategorienübergreifend im Zusammenhang aufgezeigt. So wird an den bereits im methodologischen Teil dieser Arbeit genannten Gründen eines nur sparsamen selektiven Kodierens festgehalten, was letztlich doch subsumptionslogisch vorgehen würde. Stattdessen wird sich solchen Grounded Theory Praktikern zugeordnet, die ‚nur‘ auf besonders bedeutsame Kategorien hinweisen (etwa Roos 2012: 108). Ein selektives Kodieren im klassischen Sinne eines subsumierenden weiteren ‚Auffüllens‘ der Kategorien kann aus Sicht dieser Arbeit schon deswegen nicht überzeugen, als dass diese Leistung bereits durch das axiale Kodieren erbracht wird und insofern keinen methodologisch sinnvollen Platz lässt. Statt also die eigene Forschungslogik zu verlassen, wird hier ‚der Zusammenhang‘ im Wittgenstein'schen Sinne aufgezeigt und dabei zwei *weiche* Schlüsselkategorien hervorgehoben, die sich als besonders bedeutsam erwiesen haben, die Implikationen des Sprachspiels der Souveränität im Zuge der Annexion der Krim aufzuzeigen. Zumindest in diesem weicheren Sinne lassen sich beide dann auch auf *eine* Lesart festlegen (Panetta 2012: 53), die Ausdifferenzierungen des Sprachspiels von Souveränität nicht unterschlägt als vielmehr in ebendieses Kodesystem verweist, statt dies vollständig in sich zu konzentrieren.

Die verschiebende Rolle historischer Rechte „bald hier, bald dort“

Als besonders bedeutende Implikation hat sich die verschiebende Rolle ‚historischer Rechte‘ als eine Interpretation des Völkerrechts erwiesen, die historische Kontexte in der Auslegung hervorhebt (vgl. Abschnitt *8.3.1.2*). Besonders Russland, aber auch China und eine Reihe anderer Staaten stellen für die Beanspruchung und Verteidigung von Souveränität vor allem auf historische Wurzeln ab und betrachten Souveränität als immanentes Recht eines Staates. Dass damit eine für das Völkerrecht *insgesamt* nicht unbedeutende Verschiebung einhergeht, die das Sprachspiel der Souveränität im Ganzen verändert und erweitert, drückt sich in zweierlei Hinsicht aus. *Einerseits* zeigen sich Veränderungen in den Interpretationsweisen solcher Staaten, die wie Russland oder China bereits zuvor ganz ähnliche Völkerrechtsverständnisse gepflegt haben und die nun aber um neuere und proaktive Aspekte erweitert werden. Schon dadurch also, dass Völkerrecht in einer neuen

Weise reklamiert und interpretiert, im Sinne Wittgensteins also *gebraucht* wird, zeigt sich im Zuge der Krim, dass für eine nicht unbedeutende Staatengruppe gefestigte Gründe bestehen, in Kontexten historischer geprägter Gebiete auch proaktiver zu Handeln. *Andererseits* zeigen sich Verschiebungen aber auch bei Staatengruppen, die eine solche Interpretation zwar gerade nicht teilen, aber in Reaktion darauf ihrerseits Zurechnungsschwellen etwa für auf ‚hybride' Handlungen herabsenken und auch damit Völkerecht fortschreiben. Dass beide Interpretationsweisen nun nicht isoliert voneinander stehen, sondern sich gegenseitig kontestieren und damit Völkerrecht ganz wesentlich neu aushandeln, lässt hier ‚historischen Rechten' eine veränderte Rolle attestieren – breiter geteilt *und* stark kritisiert prägt eine solche Interpretationsweise das Sprachspiel der Souveränität deutlich stärker und lässt ohne auf eine strikte Kausalität verweisen zu müssen, sinnvoll von einer wesentlichen Implikation für Souveränität im Völkerrecht sprechen.

Eine solche ‚historische' Interpretationsweise bestimmt im Zuge der Krim damit nicht nur *insgesamt* einen erneuernden Konstituierungsprozess darüber, wer als Rechtssubjekt akzeptiert wird, welche interpretativen Bezüge entsprechend als zulässig gelten oder welchen grundlegenden Sinn und Zweck eine Souveränitätsnorm ausfüllt. Darüber hinaus und gerade eingebettet in eine Reihe von Kontinuitäten, äußert sich dies *im Gebrauch* auch durch die Herausbildung eines eigenen Begriffs von ‚Schutz' und ‚Schutzverantwortung' solcher Staaten, die wie China oder Russland zuvor ausschließlich ablehnend auf eine Unvereinbarkeit solcher Konzepte mit der Unteilbarkeit staatlicher Souveränität verwiesen haben. Entlang der Sprachphilosophie Wittgensteins und der Pragmatisten, die wie Peirce darauf hinweisen, dass solche Überzeugungen Handlungsregeln *sind,* sollte insofern eine ‚Implikation' nicht etwas Künftiges und daraus erst weiter kausal-ursächlich Folgendes erwarten lassen. Vielmehr ist *als* Implikation darauf hinzuweisen, dass eine historische Interpretation und die Herausbildung eines daraus abgeleiteten alternativen Konzepts von Schutzverantwortung und Souveränität insgesamt, bereits im *Hier und Jetzt* das Sprachspiel der Souveränität in den IB mit ausmacht und damit eben auch wesentlich fortschreibt, was als ‚das Recht', ‚die Souveränität' oder sogar ‚die Schutzverantwortung' beschreibbar ist. Das lässt für sich genommen wesentliche ‚Verschiebung' im Sinne des Wittgenstein'schen Flussbildes erkennbar machen: Dass nämlich unter den oben skizzierten Handlungskontexten historisch-gewachsener Strukturen durchaus *Gründe* etwa für Russland oder Argentinien, China und Venezuela zu einem solchen Handeln bestehen, das sich als ‚Schutzverantwortung' *beschreiben* lässt, stellt in der Tat etwas ‚Neues' dar. ‚Neu' ist das proaktivere Element einer solchen Interpretation als das Bestehen von Eingriffsgründen in staatliche Souveränität auch ohne, dass darin in völkerrechtlichen Begriffen eine ‚unteilbare' Souveränitätsnorm überhaupt tangiert gesehen wird – wo es einer solchen Überzeugung nach doch gerade um die Verteidigung von Souveränitätsansprüchen geht. Solche Völkerrechtsverständnisse erweitern damit einen Handlungsraum, weil nicht scheinbar nur ‚ablehnend' auf westliche Interpretationsweisen reagiert wird, sondern Souveränität (und damit verbunden ‚Schutzverantwortung') selbst insgesamt anders ausgefüllt werden. Hier liegt ein zentrales Gestaltungsmoment einer Souveränitätsnorm *im* Gebrauch vor, weil sehr deutlich ein Gegenmodell zu ‚westlichen' Konzepten des Völkerrechts skizziert werden kann. Dass es verkürzt wäre, hier lediglich von einer Ablehnung von bestimmten Normen des Völkerrechts zu sprechen, sollte durch die Rekonstruktion historischer Rechte als *grundlegende* Überzeugung eines solchen Souveränitätsverständnisses (vgl. Abschnitt *8.1.3.2*) deutlich geworden sein.

Zentral ist aber insbesondere, dass solche Interpretationsweisen gerade nicht nur von Russland selbst vorgebracht werden, sondern durchaus breiter verfangen. So zeigt sich, dass besonders Argentinien, Kasachstan, Venezuela, Weißrussland, vor allem aber auch China[53] zunehmend ähnliche Interpretationsweisen ‚akzeptieren' und in gleicher Weise übernehmen, und insofern einen Eingriff in ukrainisches Territorium gar nicht erst als Souveränitätsverletzung behandeln. Auch hier sind es völkerrechtliche Überzeugungen von bedeutsamen historischen Kontexten einer gewachsenen und ethnisch-kulturell verwurzelten Beziehungen zu einer „Compact Area", die Gründe dafür bereitstellen. Besonders in der Kontrastierung mit der Situation im Kosovo und dem dort gezeigten völkerrechtlichen Handeln wurde so eine Verschiebung im Sinne Wittgensteins deutlich, die die Reichweite einer solchen historischen Interpretation des Völkerrechts verdeutlicht: Während es für die genannte Staatengruppe um Russland und China im Fall Kosovo und dem dortigen Kontexten einer humanitären Notlage und Selbstbestimmung der Völker noch als unvorstellbar und unvereinbar mit einer

[53] In Ansätzen und nur aus methodischen Gründen weniger stark verfolgt lassen sich solche völkerrechtlichen Überzeugungen auch bei weiteren Staaten ausmachen, die wie etwa Indien, in den hier rekonstruierten Dokumenten nicht im Fokus der Kodierschritte standen.

Souveränitätsnorm betrachtet wurde, diese in irgendeiner Form einzuschränken, wurde gerade das in dem historisch begründeten Kontext im Fall der Krim zunehmend als weniger problematisch behandelt. Mit dem Formulieren einer solchen Schlüsselkategorie geht es nicht darum, die völkerrechtliche Kohärenz einer solchen Argumentationsweise zu bewerten. Deutlich wird vielmehr, dass historischen Rechten von einer Reihe nicht unbedeutender Staaten eine Bedeutung beigemessen wird, die schon deswegen nicht zu vernachlässigen ist, weil sie ‚als Recht' reklamiert und akzeptiert werden. In einer solchen Überzeugung bilden historische Rechte damit einen wesentlichen Teil dessen, was unter Souveränität verstanden wird und nehmen entsprechend völlig andere Handlungsweisen von einer Benennung als potenzielle Souveränitätsverletzung aus, als das etwa für eine ‚kollektive Verantwortung' aus humanitären Gründen in einer westlichen Interpretation der Fall wäre: Historische Rechte begründen, was als Ausübung staatlicher Souveränität akzeptiert wird und was nicht; sie begründen Souveränität und stellen damit Gründe für ein Handeln bereit, die in anderen Sichtweisen auf das Völkerrecht nicht denkbar scheinen. Unangemessen wäre es insofern, von einem ‚Bruch' einer russischen oder chinesischen Interpretation des Völkerrechts zu sprechen, die im Zuge der Krim vielmehr in Form einer veränderten Bedeutung historischer Rechte wesentlich erweitert wird und gerade dadurch ein ‚neues' Element aufweist, was sich hier als ‚Implikation' beschreiben lässt.

Im Sinne einer zusammenhängenden Lesart ist schließlich aber auch darauf zu verweisen, wie sich Erweiterungen und Änderungen des Sprachspiels der Souveränität ebenso für eher ‚westliche' Interpretationen ausmachen lassen, die als *zusammenhängende Implikation* einer sich verändernden Rolle ‚historischer Rechte' beschrieben werden können. So zeigt sich etwa, wie ‚westliche' Staaten in Reaktion auf die Krim und ‚historischen' Interpretationen zunächst teilweise Akzeptanz zeigen. Vor allem aber werden Zurechnungsschwellen herabgesetzt, um im völkerrechtlichen Vokabular auch latentere Verletzungshandlungen ukrainischer Souveränität benennen und Ahnden zu können, die von Russland selbst und einer Reihe anderer Staaten mit Verweis auf historische Rechte als völkerrechtlich legitim beschrieben werden. Die Rekonstruktion lässt insofern in einer nochmaligen Reflexion *eine gesamtheitliche* Lesart der Implikationen zu, weil es trotz der differenzierten und im Kontrast dargestellten völkerrechtlichen Überzeugungen missverständlich wäre, in einer isolierten Betrachtung von einem Auseinanderfallen verschiedener Interpretationsweisen zu sprechen, die gerade nicht lediglich ‚nebeneinander' stehen. Dass also Verschiebungen auf der einen Seite des ‚Flussbettes' zugleich mit Verschiebungen auf der anderen Seite einhergehen – um auch hier in Wittgensteins Bild des Flussbettes zu bleiben – darf insofern nicht verwundern, als dass solche neuen Interpretations- und *Handlungs*weisen auch von anderen Staaten nicht unbeachtet bleiben und Reaktionen provozieren, die ihrerseits bisherige Interpretationsweisen erweitern und verändern können. Im Fall der Kim lässt sich zunächst aber eine starke Kontinuität aufführen: Zwar reagieren auch westliche und besonders EUropäische Staaten und die USA zu Beginn der Auseinandersetzung im UN-Sicherheitsrat mit einer teilweisen Akzeptant historischer Argumente, die zu Gunsten einer Konfliktlösung zumindest berücksichtigt werden. Auch das ist nicht marginal und verweist darauf, dass solche Bezugnahmen auf historische Rechte eine Stellung einnehmen, die offenbar zumindest eine – wenngleich im Ergebnis klar ablehnende – Auseinandersetzung erfordern. Dennoch kann hier keineswegs eine anhaltende Akzeptanz und schon gar keine Veränderungen der grundlegenden Überzeugungen auch EUropäischer Staaten oder der USA rekonstruiert werden, die solche Interpretationsweisen nicht als völkerrechtlich begründbar akzeptieren.

Hingegen zeigt sich aber, wie auch westliche Staaten ihrerseits in Reaktion auf ein als illegitim erachtetes Handeln Russlands und solch historischer Bezüge Zurechnungsschwellen herabsetzen, womit sie ebenfalls Völkerrecht fortschreiben: Im Laufe des Konflikts und der parallelen Aushandlung im Sicherheitsrat, reagieren besonders EUropäische Staaten, die Ukraine und die USA immer wieder auf latente (‚hybride') Handlungen Russlands, für die eine völkerrechtliche Zurechnung nicht ohne weiteres möglich sei. Darunter fällt etwa das Fördern des Unabhängigkeitsreferendums, die Ausstattung mit technischen Gerätschaften auf ukrainischem Gebiet oder auch ‚Propaganda' oder dem massenhaften Ausstellen russischer Pässe bis hin zu irritierenden (und re-interpretierenden) rechtlichen Bezugnahmen wie auf die Safeguard Clausel[54]. Dass zur Ahndung auch solcher Handlungen Zurechnungsschwellen weit vorgelagert werden, etwa wenn gar nicht mehr auf

[54] Zur Reaktion auf solche Bezüge vergleiche beispielsweise C270 oder C190 (France): *„But for Russia it is not a question of law, coherence or logic; it is a question of using anything and everything to justify the unjustifiable – the blatant and cynical violation of the Charter of the United Nations, whose foundation is respect for the territorial integrity and non-interference in the internal affairs of its Members."*

unmittelbares Handeln Russlands selbst abgestellt wird, sondern weit vorgelagert eine Zurechnung über das Handeln ‚lediglich' von Russland ‚motivierter' Separatisten erfolgt, ist für das Völkerrecht insgesamt keine unbedeutende Implikation[55]. Gleiches gilt für eine verstärkte Sensibilisierung gegenüber Propaganda oder gesellschaftliche Destabilisierungsversuche, für die eine völkerrechtliche Beschreibung als Souveränitätsverletzung ebenfalls nicht selbstverständlich ist. Solche Verschiebungen markieren zwar keineswegs einen radikalen ‚Bruch', sollten aber nicht darüber hinwegtäuschen, dass Völkerrecht in doppelter Hinsicht fortgeschrieben wird: Erstens werden völkerrechtliche Überzeugungen ‚westlicher' Staaten für solche neuen Handlungsformen stark sensibilisiert, die immer wieder auch neue und angepasste rechtliche Argumentations- und Denkweisen erfordern, wie etwa der abgesenkten Zurechnungsschwellen. Zweitens und entscheidender, muss sich aber auch ein ‚westliches' Sprachspiel vor dem Hintergrund einer sich verschiebenden Bedeutung historischer Rechte einerseits und der beschriebenen *eigenen* (Zurechnungs-)Anpassungen andererseits neu bewähren, weil besonders für letztere nicht zwingend eine internationale Akzeptanz bestehen muss. Insofern verschiebt eine veränderte Bedeutung historischer Rechte das Sprachspiel der Souveränität im Ganzen, weil sich nicht nur die Interpretationsweisen Russlands, Chinas oder EUropas und der USA im Einzelnen verändern und erweitern, sondern auch diese Verschiebungen fortlaufend internationale Akzeptanz generieren müssen, um als ‚das Recht' anerkannt zu werden. Determiniert ist damit also nicht, ob ein ‚westliches Sprachspiel' von Souveränität auf weiter anhaltend breitgeteilte Akzeptanz stößt wie bislang oder ob sich einige andere Staaten nicht *gerade* durch die herabgesenkten Zurechnungsschwellen durch EUropäische Staaten einer weit restriktiveren russischen oder chinesischen Interpretation eher verbunden fühlen. Auch solche weicheren Ergebnisse der Rekonstruktion *sind* also im Hier und Jetzt zentrale Implikationen für das Völkerrecht und bieten eine Beschreibung gegenwärtiger Interpretationsweisen und Verschiebungen eines solchen Sprachspiel des Rechts. Auch dann nämlich, wenn hier die Kontinuitäten bekannter Völkerrechtsinterpretationen gegenüber den Verschiebungen historischer Interpretationsweisen weit überwiegen, sollte das doch keinesfalls schlussfolgern lassen,

---

[55] Dass eine Zurechnung Russlands für die weit überwiegenden Staaten im Sicherheitsrat offenkundig ist, ändert nichts an einer Verschiebung durch die ‚Übersetzung' in völkerrechtliches Vokabular, für die eine Zurechnung durchaus auf Probleme stößt.

Völkerrecht insgesamt bliebe ,wie es ist'. Beides, die sich verändernden Interpretationsweisen der unterschiedlichen Staaten und die damit verbundenen Handlungsweisen, stellt einen zentralen und erneuernden Konstituierungsprozess darüber dar, was Souveränität in der Weltpolitik und dem Völkerrecht situativ bedeutet. Dass sich das Sprachspiel der Souveränität damit im Ganzen verändert und erweitert, wird nicht schon dadurch marginalisiert, dass historische Interpretationsweisen nicht auf *kollektiv* geteilte Akzeptanz stößt und sich ebenso starke Ablehnungen und Kontinuitäten bisheriger Interpretationsweisen zeigen lassen. Historische Rechte *sind* Teil eines solchen Sprachspiels von Souveränität und damit dem Völkerrecht insgesamt und werden von einer nicht unbedeutenden Staatengruppe als Recht anerkannt.

Damit ist zu erwarten, dass über den Fall der Krim hinaus – etwa im Territorialkonflikt im Südchinesischen Meer, auf den auch die Deklaration Russlands und Chinas „on the Promotion of international Law" im neunten Punkt selbst anspielt – auch zukünftig ,historische Interpretationen' ebenso wie ein entsprechend unteilbares Souveränitätsverständnis, die Sprachspiele des Völkerrechts wesentlich mit ausmachen werden. Diese Zusammenfassung der ersten Schlüsselkategorie verweist damit zugleich nochmals auf ein Normverständnis, für das ,Kausalität' nicht ausschließlich im wissenschaftstheoretischen Positivismus ,sinnvoll' gebraucht werden muss. Irreführend wäre es hier zwar davon zu sprechen, eine solche ,historische Auslegung' des Völkerrechts ,bewirke' ursächlich ein ,anderes' Handeln der Akteure, gerade weil Normen uns nichts ,machen lassen'. Es schafft aber ein vertieftes Verständnis über die gegenwärtigen Herausforderungen und Bewegungen des Völkerrechts sowie deren zentrale Streitlinien und bietet dadurch eine schärfere und feingliedrigere Erwartbarkeit künftigen Handelns in den internationalen Beziehungen. Normen im Sinne Wittgensteins oder Peirce also als *Gründe* für Handeln zu verstehen verdeutlicht, wie stark ,historische Rechte' das Sprachspiel der Souveränität in den internationalen Beziehungen und dem Völkerrecht „bald hier, bald dort" (ÜG: §§96-99) verschiebt und erweitert. Für die Frage nach Implikationen meint das also, dass solche ,neuen' Interpretationen bereits für sich genommen zentrale Implikationen *sind*, wenn mit Wittgenstein die Bedeutung von Normen allein *im Gebrauch* selbst verordnet wird.

Gegenwärtige Spannungslinie des Völkerrechts: Zwischenstaatliches Mittel oder kollektive Garantie

Eine zweite Schlüsselkategorie ist schließlich dazu geeignet, den ‚empirischen' und ‚theoretischen' Teil dieser Arbeit sinnstiftend zu integrieren und auch die zentrale Spannungslinie *gegenwärtiger* Völkerrechtspraxis aufzuzeigen. Mit der rekonstruktiven Forschungslogik konnten – ohne die Vielfalt der Interpretationsweisen marginalisieren zu müssen – *zwei* übergeordnete ‚Sprachen' oder ‚Ideen' von Souveränität und dem Völkerrecht insgesamt verdichtet werden, deren jeweilige ‚Competent Performancers' sich mit einem an Wittgenstein angelehnten normtheoretischen Vokabular als zwei *Praxisgemeinschaften* beschreiben lassen. Beide unterscheiden sich hinsichtlich ihrer Überzeugungen über den wesentlichen ‚Sinn und Zweck' des Völkerrechts, entweder als zwischenstaatliches Mittel – wie vor allem für Russland und China rekonstruiert – oder aber entgegengesetzt als kollektives Gut und damit erst als Garantie für Souveränität (vgl. Abschnitt *8.1.1*). Damit begreifen sie zugleich Souveränität in stark voneinander abweichenden Bedeutungen, besonders im Verhältnis zur übrigen Staatengemeinschaft, wenn völkerrechtlich beanspruchte Souveränität zur Abwehr vor Einmischung jeglicher Art verstanden wird oder doch als durch diese erst kollektiv garantiert und konstituiert. Gerade diese Unterscheidung lässt sich als Ergebnis dieser Rekonstruktion also deswegen als zentrale Schlüsselkategorie beschreiben, weil hierin eine zentrale Ordnungsfrage ausgehandelt wird, für die sich unter allen den in dieser Untersuchung eingeschlossenen Staaten jeweils familienähnliche Überzeugungen finden lassen und sich sinnvoll von zwei Praxisgemeinschaften sprechen lässt. Ob Souveränität und Völkerrecht also auf die eine oder andere Weise verstanden wird ist so zentral, dass diese Überzeugungen das übrige Kategoriensystem am ehesten zusammenhalten.

Insofern lässt sich hier auch nicht lediglich von einem Auseinanderfallen völkerrechtlicher Überzeugungen sprechen, sondern von einer zentralen Spannungslinie, die aktiv ausgehandelt wird. Völkerrecht entweder als Mittel zur Souveränität oder als kollektive Garantie zu begreifen verweist *als* Implikation darauf, wie gegenwärtig in der Weltpolitik gehandelt wird: Beide Überzeugungen stellen Gründe für jeweils eigene Handlungsweisen dar und machen wie oben gezeigt den entscheidenden Unterschied in der alltäglichen Praxis des Völkerrechts, in der jeweils dem System der Vereinten Nationen und besonders dem Sicherheitsrat eine andere Rolle zugesprochen wird, internationale

Aushandlungen unterschiedliche Gewichtungen für die Geltung als Völkerrecht erfahren und auch einem Völkergewohnheitsrecht skeptischer oder offener gegenübergetreten wird und schließlich, wie für diese Rekonstruktion zentral war, auch ein Begriff von ‚Schutz' oder gar ‚Schutzverantwortung' völlig verschieden ausgefüllt wird. Beide Überzeugungen sind nun aber auch deswegen so fundamental, weil sie bei allen Staaten, die für diese Rekonstruktion einbezogen wurden, ausgemacht werden konnten. Damit lässt sich von zwei Praxisgemeinschaften im Sinne von Wittgenstein sprechen.

Zwar differenzieren sich völkerrechtliche Überzeugungen innerhalb dieser beiden Staatengruppen jeweils stark aus, was etwa der Kontrast einer US-Lesart des Völkerrechts gegenüber einer französischen oder australischen deutlich macht; auch Chinas völkerrechtliche Überzeugungen unterscheiden sich in mehrfacher Hinsicht von russischen. Die Beschreibung als zwei Praxisgemeinschaften scheint aber deswegen passend, weil sich die Variationen der Interpretationsweisen *jeweils* sukzessiv immer wieder überschneiden, somit verdichten und in einer Weise ähneln, dass ‚Familienähnlichkeiten' innerhalb beider attestiert werden können. In diesem Sinne gibt es hier zwar offenkundig *keine* einzelne und gleichsam die Norm ontologisch fest definierende Auslegung, die alle Staaten einer solchen ‚Praxisgemeinschaft' gemeinsam hätten oder die im breiten internationalen Kontext gar ‚gleich' wären[56]. Das hält in einer Gesamtschau aber nicht davon ab jeweils ein „kompliziertes Netz von Ähnlichkeiten" (PU: §65) in den Interpretationsweisen völkerrechtlicher Begriffe und einem diesem zugrundeliegenden Sinn und Zweck zu erkennen. Diese Ähnlichkeiten sind es, die auf zwei sich gegenüberstehenden Gemeinschaften verweisen. Bei aller Vielfalt ist eine auffallend dichotome Zuordnung von Staaten möglich, deren Interpretationsweisen sich zwar nie ganz entsprechen, aber in den grundlegenden Überzeugungen stark ähneln. Die eine oder andere ‚Sprache des Rechts' zu sprechen (vgl. Kratochwil 2014: 67) kann also im Wittgenstein'schen Sinne als Konstituierung einer bestimmten intersubjektiven Praktik verstanden werden.

Das ist nun auch deswegen besonders aussagekräftig für die gestellte Frage nach Implikationen, weil sich darin zwei fundamentale

[56] Und auch das ist ganz zentral für eine angemessene Beschreibung von Völkerrecht, wie im theoretischen Teil herausgestellt wurde. Vgl. dazu auch nochmals Wiener 2007 und 2014, die mit dem Verweis eine prinzipielle Umstrittenheit von Normen ein ganz wesentliches Argument hat.

Überzeugungen ausdrücken, *was* Souveränität und Völkerrecht insgesamt eigentlich *ist* und sich insofern hieraus auch jene zwingende Lesart im Sinne der Grounded Theory Praktiker ergibt, die für eine politikwissenschaftliche wie auch völkerrechtliche Beschäftigung mit Normen in den IB nicht vernachlässigt werden sollte: Denn mit der Überzeugung, Völkerrecht entweder als ausschließlich zwischenstaatliches Mittel zu verstehen, das zum Schutz vor Einmischung jeglicher Art fungieren soll oder aber entgegengesetzt Völkerrecht eine staatliche Souveränität erst begründet und garantiert, sind Handlungsgründe verbunden, die gegenwärtige Aushandlungsprozesse an verschiedenen Punkten prägen und damit nicht nur – wie oben angemerkt – etwa UN-Institutionen oder einzelne Konzepte unterschiedliche begreifen, sondern eine ‚internatinal (legal) Order' im Ganzen gestalten. Die besondere Bedeutung ergibt sich aus dem übergreifend-gestalterischen Charakter, der grundlegenden Ideen über die Funktionsweisen und Bedeutung des Völkerrechts implizieren. Hierin konzentriert sich der zentrale Streitpunkt, der über den Krim Konflikt hinaus die Sprachspiele (im Plural) des Völkerrechts verschieben und erweitern. Bereits in der vorherigen Schlüsselkategorie sollte die gestaltende Wirkung verdeutlicht worden sein, wenn Begriffe wie die der ‚Schutzverantwortung' neu ausgefüllt, im Wiener'schen Sinne also in gewisser Weise „proaktiv" kontestiert werden (Wiener 2018: 35). Anders als die vorherige Schlüsselkategorie mit der verschiebenden Rolle ‚historischer Reche' ist der Verweis auf diese beiden Praxisgemeinschaften grundlegender und übergeordnet: Mit dem Wittgenstein'schen Flussbildes ließe sich hier vom ‚harten Gestein' sprechen, weil diese beiden Überzeugungen über den Sinn und Zweck des Völkerrecht das Sprachspiel von Souveränität insgesamt prägen. Diese Differenz bestimmt eine Aushandlung etwa darüber, wie Normkonkurrenzen, wie die zwischen Souveränität und Schutzverantwortung aufgelöst werden oder ganz grundlegend, ob Territorialkonflikte zwischen den beteiligten Akteuren allein oder doch multilateral eingebettet gelöst werden sollen. Eine kaum überzeugende Verkürzung wäre es insofern hier von der Kontestation ‚der Souveränitätsnorm' durch Russland als singulären Akt zu sprechen, weil eine solche gerade von verschiedenster Seite und über die Vielfalt völkerrechtlicher Auslegung hinweg, reklamiert wird. Weder also lässt sich rekonstruktiv eine einseitige Re-interpretation Russlands attestieren – die vielmehr für eine nicht marginale Staatengruppe durchaus verfängt – noch wäre das eine angemessene Beschreibung der Dynamiken gegenwärtiger Völkerrechtspraxis. Ohne Zweifel, und das ist keineswegs zu marginalisieren, wurde die Krim von Russland annektiert; das ändert für den Blick auf völkerrechtliche Implikationen aber nichts daran, dass eine Aushandlung wesentlich breiter geführt wird und insofern auch die Art der (Nicht-)Reaktion auf russisches Handeln, für das Völkerrecht und dessen Bedeutung eine zentrale Rolle spielt. Missverständlich wäre indessen aber die Vorstellung sequenzieller Handlungen, nach der Russland eine ansonsten statische und ‚dingartige' Norm der Souveränität einseitig schwäche oder stärke. Um es deutlicher auszudrücken: Den ‚Kern', auf den wir zeigen könnten, gibt es hier nicht! Weder ontologisch-normtheoretisch noch in einer rekonstruktionslogischen Vorgehensweise kann hier auf irgendeine Art kollektiv ‚geteilte' Überzeugung verwiesen werden, die einzig von Russland ‚kontestiert' wird. Vielmehr ist mit der Beschreibung zweier Praxisgemeinschaft auf den breiteren Zusammenhang verwiesen, mit der sich hier völkerrechtliche Überzeugungen gegenüberstehen und gerade deswegen nicht als isolierte, sequenzielle Handlungen zu verstehen sind. Beide Praxisgemeinschaften, mit ihren je eigenen familienähnlichen Überzeugungen und starken gegenseitigen Kontrasten, kontestieren sich gleichsam gegenseitig und bilden sich ‚im Streit' jeweils auch in einer Weise heraus und -fort, was in dieser Arbeit als die verschiedenen ‚Implikationen' beschrieben wurden. Versteht man mit Wittgenstein Regelfolgen nicht als ‚private' sondern nur intersubjektiv vorstellbare Praktiken, gelingt es den Blick dafür zu öffnen, dass solche breiteren Verschiebungen und Erweiterungen des Sprachspiels der Souveränität zentrale Implikationen *sind*, die Völkerrecht kontinuierlich neu aushandeln: Entlang dieses Streits, der sich in verschiedenen Situationen und variierenden Punkten der Aushandlung verdeutlicht, gestaltet sich *gegenwärtig* die Bedeutung völkerrechtlicher Begriffe.

10. Konklusion

Anknüpfend an bestehende Ansätze der Kontestationsforschung wurde ein als zeitliche Abfolge insinuiertes Normverständnis kritisiert, dem sowohl die klassische- als auch weite Teile der praxistheoretischen Normenforschung verhaftet sind. Ein sich daraus erst ergebendes Begriffspaar von ‚Schwächung' oder ‚Stärkung' internationaler Normen ist ebenso sprachlich wie theoretisch missverständlich und kann die Implikationen normkontestierenden Handelns weder mit der nötigen Sensibilität[57] aufzeigen, noch wirklich erklären, wie solche Prozesse zu verstehen sind. Ein zu statisches normtheoretisches Vokabular solcher Ansätze selbst, das Normen als ‚Dinge' behandelt, lässt uns nach Substantiven wie ‚Schwächung' erst ‚suchen', wenn ein vorausgesetzter und als ‚soziale Fakten' behandelter Wissensbestand über Normen für die Beschreibung von Kontestation und dessen möglichen Implikationen selbst ‚irritiert' und in einen Zweifel versetzt wird.

Demgegenüber wurde anhand eines Wittgenstein'schen und pragmatistischen Normverständnis argumentiert, die künstliche Trennung von ‚Norm' einerseits und dessen ‚Anwendung' andererseits auflösen zu müssen, um Kontestation nicht von Beginn an auf die Befolgung oder Ablehnung etwas vermeintlich ontologisch-statisch Bestehendes analytisch zu reduzieren. Damit wurde das *Handeln* besonders betont und die Bedeutung von Normen *im* Gebrauch selbst verordnet. Versteht man somit Normen als *Sprachspiele* im Sinne Wittgensteins, können den ständigen Veränderungen theoretisch und methodologisch Rechnung tragen werden, ohne sie in einer epistemologisch verkürzten Betrachtung aus ihren alltäglichen Zusammenhängen zu nehmen, in denen sich die Bedeutung dieser erst bestimmt. Ein solcher Zugriff schafft zugleich die methodologische Grundlage, um völkerrechtliche Überzeugungen rekonstruieren zu können, wie Völkerrecht also *gebraucht* und mithin immer auch *fortgeschrieben* wird. So wurde als nützliche Methodologie auf eine für das Vorhaben angepasste Variante der Grounded Theory zurückgegriffen, die sich in die norm- und rechtstheoretischen Überlegungen im Anschluss an Wittgenstein und der pragmatistischen Sozialtheorie einfügt und es erlaubt, ein passenderes Vokabular für die Beschreibung gegenwärtiger Völkerrechtspraxis zu finden. Weil völkerrechtlichen Überzeugungen im pragmatistischen Sinne Handlungsregeln *sind* („belief is a rule for action" Peirce 1997: 33; „Wenn ich einer

[57] Anders und in dieser Arbeit trotz aller Unterschiede explizit als ‚gutes Beispiel' verstanden, siehe etwa Wiener 2018: 5ff. oder Kratochwil/Friedrichs 2009: 714ff.

Regel folge, wähle ich nicht. Ich folge der Regel blind" PU: §219), geben sie Aufschluss darüber, wie im vorliegenden Fall der Annexion der Krim konkret Souveränität als fundamentale Norm des Völkerrechts gebraucht wird und mithin, welche Implikationen sich durch Kontestation ergeben.

Deutlich wurde mit diesem rekonstruktionslogischen Vorgehen zunächst, dass gleiche Normbezüge mit unterschiedlichen und teilweise konträren Interpretationen verbunden sind, wenn sich auf ,die Souveränitätsnorm' bezogen wird. Auch legitimierende Bezüge auf die UN-Charta und dem Bekennen zu dieser werden mit wesentlich voneinander abweichenden Bedeutungen gefüllt. Neben einer Reihe von Kontinuitäten konnte so aber auch ein verändertes und erweitertes Sprachspiel der Souveränität im Völkerrecht attestiert werden. Es wurde *als* zentrale Implikation auf die sich verschiebende Rolle historischer Interpretationen (,historische Rechte') hingewiesen sowie auf die Herausbildung eines eigenen Begriffs von Schutzverantwortung solcher Staaten, die wie Russland oder China ähnlichen Konzepten bislang ausschließlich ablehnend gegenüberstanden. In einer Gesamtschau sind so zwei *Praxisgemeinschaften* rekonstruierbar, die je familienähnliche Interpretationsweisen über den grundlegenden Sinn und Zweck von Souveränität und dem Völkerrecht insgesamt teilen und im Zuge der Annexion der Krim auf eine beidseitig proaktive Kontestation verweisen lassen, die eine internationale Ordnung an zentralen Punkten *als Ganzes* neu aushandelt. Dass damit zumeist ,westliche' Interpretationsweisen von ,Souveränität', ,territoriale Integrität' oder ,Schutzverantwortung' nicht nur abgelehnt oder kritisiert, sondern re-interpretiert und mit neuer Bedeutung gefüllt werden, ist für das Völkerrecht keine marginale Implikation. Ohne auf ein kausalanalytisches Sprachspiel von Normen rekurrieren zu müssen, ist damit auf die Dynamiken eines in einem ständigen Konstituierungsprozess befindenden Völkerrechts zu verweisen, die wesentlich ausmachen, was wir ,das Recht' nennen. Damit wird das Sprachspiel der Souveränität durch das Verfangen neuer Interpretationsweisen oder aber das Herabsenken von Zurechnungsschwellen teils deutlich, teils subtil erweitert und verändert.

Über solche Erweiterungen und Verschiebungen sollte auch ein (politikwissenschaftliches) Bedürfnis nach vermeintlich ,klaren' Ergebnissen nicht hinwegtäuschen; denn sie nicht ernst zu nehmen provoziert erst die einleitend als missverständlich beschriebenen Irritationen und das Fragen nach ,groben' Kategorien von ,Schwächung oder Stärkung', die sich gerade in einer konstruktivistischen Beschreibung von Normen so nicht stellen sollten. Normen sind keine sozialen Fakten. Weder ,lassen' sie uns Dinge machen, noch sind sie immanent so konkret, dass man ihnen in einer wissenschaftlichen Beschreibung sinnvoll einen ontologischen Status einräumen sollte. Was aus einem deduktiv-nomologischen Forschungsmodell epistemologisch zunächst unbefriedigend erscheint, ist mit einer rekonstruktiven Forschungslogik vollkommen ausreichend, um in konstruktivistischer- und pragmatistischer Normenforschung – im Sinne Rortys (2000: 185f.) – „*besser*" mit Kontestationsprozessen zurechtzukommen. Dieser Gebrauch *als* die praktische Bedeutung einer Souveränitätsnorm, stellt bereits für sich eine Befriedigung der aufgeworfenen Irritationen dar und es bestehen keine mehr, die sich in einer Praxis des Völkerrechts so auch nicht stellen. Solche Verschiebungen und Erweiterungen der Sprachspiele sind im *Hier und Jetzt*, was wir sinnvoll und ohne inhärente normtheoretische Widersprüche als Implikationen benennen können: „'Wir haben schon alles gesagt. – Nicht etwas, was daraus folgt, sondern eben *das* ist die Lösung!'" (Z: §314).

Literatur- und Quellenverzeichnis

1. Primärquellen

Sicherheitsrat (1999): UN DOC 4011. Online: https://undocs.org/en/S/PV.4011

Sicherheitsrat (1999): UN DOC 3988. Online: https://undocs.org/en/S/PV.3988

Sicherheitsrat (1999): UN DOC 3989. Online: https://undocs.org/en/S/PV.3989

Sicherheitsrat (2008): UN DOC 5839. Online: https://undocs.org/en/S/PV.5839

Sicherheitsrat (2014): UN DOC 7124. Online: https://undocs.org/en/S/PV.7124

Sicherheitsrat (2014): UN DOC 7125. Online: https://undocs.org/en/S/PV.7125

Sicherheitsrat (2014): UN DOC 7134. Online: https://undocs.org/en/S/PV.7134

Sicherheitsrat (2014): UN DOC 7138. Online: https://undocs.org/en/S/PV.7138

Sicherheitsrat (2014): UN DOC 7144. Online: https://undocs.org/en/S/PV.7144

Sicherheitsrat (2014): UN DOC 7154. Online: https://undocs.org/en/S/PV.7154

Sicherheitsrat (2014): UN DOC 7185. Online: https://undocs.org/en/S/PV.7185

Sicherheitsrat (2014): UN DOC 7239. Online: https://undocs.org/en/S/PV.7239

Sicherheitsrat (2015): UN DOC 7287. Online: https://undocs.org/en/S/PV.7287

Sicherheitsrat (2015): UN DOC 7365. Online: https://undocs.org/en/S/PV.7365

Sicherheitsrat (2015): UN DOC 7400. Online: https://undocs.org/en/S/PV.7400

Sicherheitsrat (2016): UN DOC 7576. Online: https://undocs.org/en/S/PV.7576

Sicherheitsrat (2017): UN DOC 7683. Online: https://undocs.org/en/S/PV.7683

Sicherheitsrat (2018): UN DOC 7876. Online: https://undocs.org/en/S/PV.7876

Sicherheitsrat (2018): UN DOC 8270. Online: https://undocs.org/en/S/PV.8270

Sicherheitsrat (2019): UN DOC 8410. Online: https://undocs.org/en/S/PV.8410

Sicherheitsrat (2019): UN DOC 8461. Online: https://undocs.org/en/S/PV.8461

ICJ Statement Russia (2009): Written Statement by the Russian Federation. Online: https://www.icj-cij.org/files/case-related/141/15628.pdf.

ICJ Statement China (2009): Written Statement by the People's Republic of China. Online: https://www.icj-cij.org/files/case-related/141/15611.pdf.

ICJ Statement United Kingdom (2009): Written Statement by the United Kingdom of Great Britain and Northern Ireland. Online: https://www.icj-cij.org/files/case-related/141/15638.pdf.

Russland und China (2016): The Declaration of the Russian Federation and the People's Republic of China on the Promotion of International Law. Online: The Ministry of Foreign Affairs of the Russian Federation: http://www.mid.ru/en/foreign_policy/position_word_order/-/asset_publisher/6S4RuXfeYlKr/content/id/2331698.

Putin, Vladimir (2014): Address by President of the Russian Federation. Vladimir Putin addressed State Duma deputies, Federation Council members, heads of Russian regions and civil society representatives in the Kremlin. Online: http://en.kremlin.ru/events/president/news/20603.

UNGV (2014): Generalversammlung. Resolution. Territoriale Unversehrtheit der Ukraine. Online: https://www.un.org/Depts/german//gv-68/band3/a68262.pdf.

2. Literaturverzeichnis

Acharya, Amitav (2004): How Ideas Spread: Whose Norms Matter? Norm Localization and Institutional Change in Asian Regionalism. International Organization 58 (2): 239-75.

Adler, Emanuel und Pouliot, Vincent (2011): The Practice Turn in International Relations. Cambridge: Cambridge University Press.

Arcudi, Antonio (2016): Die Responsibility to Protect im Kreuzfeuer der Kritik. Zum Zusammenhang von Normkontestation und Normerosion. Zeitschrift für Internationale Beziehungen 2: 78-111.

Austin, John L. (1975) [1955]: How to do things with Words. Leipzig: Reclam.

Austin, John (1995) [1832]: The Province of Jurisprudence Determined. Cambridge: Cambridge University Press.

Brunnée, Jutta und Toope, Stephen (2010): Legitimacy and Legality in International Law: An Interactional Account. Cambridge: Cambridge University Press.

Brunnée, Jutta und Toope, Stephen (2011): Interactional Interntional Law and the Practice of Legality. In: International Practices. Adler, Emmanuel und Pouliot, Vincent (Hrsg.). Cambridge: Cambridge University Press.

Brunnée, Jutta und Toope, Stephen (2018): International Law and the Practice of Legality. Stability and Change. Victoria University of Wellington Law Review, Special Symposium Issue 'The Dynamic Evolution of International Law' 49 (4).

Bueger, Christian und Gadinger, Frank (2008): Von der Soziologie der Kritik zur kritischen Theorie? Westend Neue Zeitschrift für Sozialforschung 5 (2): 120-132.

Bueger, Christian und Gadinger, Frank (2014): Die Formalisierung der Informalität: Praxistheoretische Überlegungen. Informelle Politik: 81-98.

Bogdandy, Armin von und Venzke, Ingo (2014): In wessen Namen? Internationale Gerichte in Zeiten globalen Regierens. Berlin: Suhrkamp.

Daase, Christopher (2013): Die Legalisierung der Legitimität – Zur Kritik der Schutzverantwortung als Emerging Norm. Friedens-Warte 88 (1-2): 41-62.

Deitelhoff, Nicole und Zimmermann, Lisbeth (2019): Norms under Challenge. Unpacking the Dynamics of Norm Robustness. Journal of Global Security Studies 4 (1): 2-17.

Deitelhoff, Nicole und Zimmermann, Lisbeth (2013a): Things we lost in the Fire: How different types of Contestation affect the Validity of international Norms. PROF Working Paper 17.

Deitelhoff, Nicole und Zimmermann, Losbeth (2013b): Aus dem Herzen der Finsternis: Kritisches Lesen und wirkliches Zuhören der konstruktivistischen Normenforschung. Eine Replik auf Stephan Engelkamp, Katharina Glaab und Judith Renner. Zeitschrift für Internationale Beziehungen 1: 61-74.

Deitelhoff, Nicole (2006): Überzeugung in der Politik. Grundzüge einer Diskurstheorie internationalen Regierens. Frankfurt a.M.: Suhrkamp.

Dewey, John (1986): Logic. The Theory of Inquiry. In: John Deweys. The later Works, Boydston, Jo (Hrsg.), 12. Ausgabe. Illinois: University Press.

Engelkamp, Stephan und Glaab, Katharina und Renner, Judith (2012a): In der Sprechstunde. Wie (kritische) Normenforschung ihre Stimme wiederfinden kann. Zeitschrift für Internationale Beziehungen 2: 101-128.

Engelkamp, Stephan und Glaab, Katharina und Renner, Judith (2012b): Ein Schritt vor, zwei Schritte zurück? Eine Replik auf Nicole Deitelhoff und Lisbeth Zimmermann. Zeitschrift für Internationale Beziehungen 2: 105-118.

Epstein, Charlotte (2012): Stop Telling us how to behave: Socialization or Infantilization? International Studies Perspectives 13 (2): 135-145.

Epstein, Charlotte (2013): Norms: Bourdieu‘s Nomos, or the Structural Power of Norms. In: Bourdieu in International Relations. Rethinking Key Concepts in IR, Adler-Nissen, Rebecca (Hrsg.). London: Taylor & Francis.

Franke, Ulrich und Roos Ulrich (2017): Rekonstruktive Ansätze in den Internationalen Beziehungen und der Weltpolitikforschung: Objektive Hermeneutik und Grounded Theory. In: Handbuch Internationale Beziehungen, Sauer, Frank und Masala, Carlo (Hrsg.). Wiesbaden: Springer VS.

Friedrichs, Jörg und Friedrich Kratochwil (2009): On Acting and Knowing: How Pragmatism can advance International Relations Research and Methodology. International Organization 63: 701-731.

Forschungsgruppe Menschenrechte (1998): Internationale Menschenrechtsnormen, transnationale Netzwerke und politischer Wandel in Ländern des Südens. Zeitschrift für Internationale Beziehungen 1: 5-41.

Gadinger, Frank (2015): Praxistheorie in den Internationalen Beziehungen. In: Handbuch internationale Beziehungen, Sauer, Frank und Masala, Carlo (Hrsg.). Wiesbaden: Springer VS.

Glaser, Barney und Anselm Strauss (1967): The Discovery of Grounded Theory: Strategies for Qualitative Research. Chicago: Aldine.

Glock, Hans-Johann (2010): Wittgenstein Lexikon. Darmstadt: WGB Academics.

Gustafsson, Martin (2004): The Rule-Follower and his Community: Remarks on an Apparent tension in Wittgensteins Discussions of Rule-Following. Language Science 26: 125-146.

Haferkamp, Hans-Peter (2010): Die sogenannte Begriffsjurisprudenz im 19. Jahrhundert – „reines" Recht? In: Reinheit des Rechts. Kategorisches Prinzip oder regulative Idee?, Depenheuer, Otto (Hrsg.). Wiesbaden: Springer VS.

Hakimi, Monica (2020): Making Sense of Customary International Law. Michigan Law Review 118 (8).

Hart, H.L.A (2011) [1961]: Der Begriff des Rechts. Berlin. Suhrkamp.

Hellmann, Gunther (2009): Beliefs as Rules for Action: Pragmatism as a Theory of Thought and Action. International Studies Review 11: 638–662.

Hellmann, Gunther (2019): Deutsche Rollen in der Weltpolitik. Eine Kritik der IB-Rollentheorie. In: Zivilmacht Bundesrepublik? Bundesdeutsche außenpolitische Rollen vor und nach 1989 aus politik- und geschichtswissenschaftlichen Perspektiven, Brummer, Klaus und Kießling, Friedrich (Hrsg.). Baden-Baden: Nomos 2019.

Herbert, Manfred (1995): Rechtstheorie als Sprachkritik. Zum Einfluss Wittgensteins auf die Rechtstheorie. Baden-Baden: Nomos.

Herborth, Benjamin (2017): Rekonstruktive Forschungslogik in den Internationalen Beziehungen. In: Handbuch Internationale Beziehungen, Sauer, Frank und Masala, Carlo (Hrsg.). Wiesbaden: Springer.

Holzinger, Katharina (2001): Bargaining through Arguing: An empirical Analysis based on Speech Act Theory. Political Communication 21: 195-222.

Hoffmann, Matthew (2004): Competition and Contestation in the Evolution of Social Norms. Online: http://www.allacademic.com/meta/p73161_index.html.

Hoffmann, Matthew (2010): Norms and Social Constructivism in International Relations. The International Studies Encyclopedia: 5410-5426. Malden, MA: Wiley-Blackwell.

Hofius, Maren und Wilkens, Jan und Hansen-Magnusson, Hannes und Gholiagha, Susan (2014): Den Schleier lichten? Kritische Normenforschung, Freiheit und Gleichberechtigung im Kontext des Arabischen Frühlings. Eine Replik auf Engelkamp/Glaab/Renner, Ulbert und Deitelhoff/Zimmermann. Zeitschrift für Internationale Beziehungen 2: 85-105.

Huells, Hendrik (2017): After Decision-Making: The Operationalization of Norms in International Relations. International Theory 9 (3): 381-409.

Hurd, Ian (2013): Torture and the Politics of Legitimation in International Law. In: Legitimacy of International Human Rights Regimes, Andreas Follesdal, Johan K. Schaffer und Geir Ulfstein (Hrsg.). Cambridge: Cambridge University Press.

Joas, Hans (1993): Pragmatismus und Gesellschaftstheorie. Frankfurt a.M.: Suhrkamp.

Johnstone, Ian (2011). The Power of Deliberation: International Law, Politics and Organizations. Oxford: Oxford University Press.

Jasper, Ursula (2014): The Politics of Nuclear Non-Proliferation: A pragmatist Framework for Analysis. Milton Park: Routledge.

Katzenstein, Peter (1996): The Culture of National Security. Ithaca, NY.

Keck, Otto (1995): Zur sozialen Konstruktion des Rational-Choice Ansatzes. Einige Klarstellungen zur Rationalismus-Konstruktivismus-Debatte. Zeitschrift für Internationale Beziehungen 2: 5-48.

Kelsen, Hans (1960) [1934]: Reine Rechtslehre. Einleitung in die rechtswissenschaftliche Problematik. Wien: Deutike.

Kratochwil, Friedrich und John G. Ruggie (1986): A State of the Art and an Art of the State. International Organization 40 (4): 753-775.

Kratochwil, Friedrich (2007): Of false Promises and good Bets: A Plea for a Pragmatic Approach to Theory Building. Journal of International Relations and Development 10 (1): 1-15.

Kratochwil, Friedrich (2014): The Status of Law in World Society. Mediations on the Role and Rule of Law. Cambridge: University Press.

Kratochwil, Friedrich (2018): Praxis. On Acting and Knowing. Cambridge: Cambridge University Press.

Kripke, Saul (1984): Wittgenstein on Rules and Private Language. Oxford: Blackwell.

Kroll, Stefan (2012): Normgenese durch Re-Interpretation. China und das europäische Völkerrecht im 19. und 20. Jahrhundert. Baden-Baden: Nomos.

Krook, Mona und True, Jacqui (2012): Rethinking the Life Cycles of International Norms: The United Nations and the Global Promotion of Gender Equality. European Journal of International Relations 18 (1): 103-127.

March, James und Olsen, Jahann (1998): The Institutional Dynamics of International Political Orders. International Organization 52: 943-969.

McKeown, Ryder (2009): Norm Regress: US Revisionism and the Slow Death of the Torture Norm. International Relations 23 (1): 5-25.

Meierhenrich, Jens (2013): The Practice of International Law: A Theoretical Analysis. Law and Contemporary Problems 76 (1): 1-84.

Müller, Harald (1994): Arguing, Bargaining and all that: Communicative Action, Rationalist Theory and the Logic of Appropriateness in International Relations. European Journal of International Relations 10 (3): 395- 435.

Panetta, Gesa (2012): EU-Sicherheitspolitik als Stabilisierungsarbeit. Eine Grounded-Theory Studie. Wiesbaden: Springer.

Peirce, Charles Sanders (1965) [1903]: Lectures on Pragmatism. In: Collected Papers of Charles Sanders Peirce 4: Pragmatism and Pragmaticism, Charles Hartshorne und Paul Weiss (Hrsg.), 3. Auflage. Cambridge, MA: Belknap Press of Harvard University Press.

Peirce, Charles Sanders (1997) [1877]: The Fixation of Belief. In: Pragmatism: A Reader, Menand, Louis (Hrsg.). New York: 7-25.

Pouliot, Vincent und Adler, Emanuel (2011): International Practices. Introducion to a Framework. In: International Practices, Ebd. (Hrsg.).

Reckwitz, Andreas (2003): Grundelemente einer Theorie sozialer Praktiken. Zeitschrift für Soziologie 32 (4): 282-301.

Reus-Smit, Christian (2011): Obligation through Practice. International Theory 3 (2): 339-347.

Risse, Thomas (2000): Let's Argue! Communicative Action in World Politics. International Organization 51 (1): 1-39.

Rorty, Richard (1994): Sind Aussagen universelle Geltungsansprüche? Deutsche Zeitschrift für Philosophie 42: 975-988.

Rorty, Richard (2000): Response to Robert Brandom. In: Rorty and his Critics, Brandom, Richard (Hrsg.). Oxford: Blackwell.

Rosert, Elvira und Schirmbeck, Sonja (2007): Zur Erosion internationaler Norm: Folterverbot und nukleares Tabu in der Diskussion. Zeitschrift für Internationale Beziehungen (2): 253-287.

Roos, Ulrich (2010): Deutsche Außenpolitik nach der Vereinigung. Eine Rekonstruktion der grundlegenden Handlungsregeln. Wiesbaden: Verlag für Sozialwissenschaften.

Savigny, Eike von (2019): Wittgensteins Philosophische Untersuchungen. Ein Kommentar für Leser. Frankfurt a.M.: Klostermann.

Schimmelfennig, Frank (1997): Rhetorisches Handeln in der internationalen Politik. Zeitschrift für Internationale Beziehungen (2): 219-254.

Schindler, Sebastian und Tobias Wille (2015): Change in and through Practice. Pierre Bourdieu, Vincent Pouliot, and the End of the Cold War. International Theory 7 (2): 330-359.

Sinclair, Adriana (2011): Law, Caution: Towards a better Understanding of Law for IB Theorists. Review of International Studies 37: 1095-1112.

Strauss, Anselm (1994): Grundlagen qualitativer Sozialforschung. Datenanalyse und Theoriebildung in der empirischen und soziologischen Forschung. München: Fink.

Strauss, Anselm (2004): Methodologische Grundlagen der Grounded Theory. In: Methodologie interpretativer Sozialforschung. Klassische Grundlagentexte, Strübing, Jörg und Bernt Schnettler (Hrsg.). Konstanz: UVK.

Strauss, Anselm und Juliet Corbin (1990): Basics of qualitative Research: Grounded Theory Procedures and Techniques. Newbury Park: Sage.

Strübing, Jörg (2004): Grounded Theory. Zur sozialtheoretischen und epistemologischen Fundierung des Verfahrens der empirisch begründeten Theoriebildung. Wiesbaden: Verlag für Sozialwissenschaften.

Strübingen, Jörg (2014): Grounded Theory. Zur sozialtheoretischen und epistemologischen Fundierung des Verfahrens der empirisch begründeten Theoriebildung, 3. Auflage. Wiesbaden: Verlag für Sozialwissenschaften.

Lesch, Max (2016): Praxistheorien und Normenforschung in den Internationalen Beziehungen. Zum Beitrag der pragmatischen Soziologie. Zeitschrift Diskurs 2: 31-54.

Panke, Diana und Petersohn, Ulrich (2012): Why International Norms disappear sometimes. European Journal of International Relations 18 (4): 719-742.

Ulbert, Cornelia (2012): Vom Klang vieler Stimmen: Herausforderungen »kritischer« Normenforschung: Eine Replik auf Stephan Engelkamp, Katharina Glaab und Judith Renner. Zeitschrift für Internationale Beziehungen 1: 129-139.

Venzke, Ingo (2012): How Interpretation makes International Law. Oxford: Oxford University Press.

Waltz, Kenneth (1979): Theory of international Politics. New York: Mc Graw Hill.

Wiener, Antje (2007): The Dual Quality of Norms and Governance beyond the State: Sociological and Normative Approaches to Interaction. Critical Review of International Social and Political Philosophy 10 (1): 47-69.

Wiener, Antje (2014): A Theory of Contestation. Berlin: Springer.

Wiener, Antje (2018): Contestation and Constitution of Norms in Global International Relations. Cambridge: Cambridge University Press.

Wittgenstein, Ludwig (2003): Philosophische Untersuchungen. Frankfurt a.M.: Suhrkamp. Zitiert als: PU.

Wittgenstein, Ludwig (1994): Über Gewißheit. Bemerkungen über die Farben. Zettel. Vermischte Bemerkungen. Fankfurt a.M.: Suhrkamp. Zitiert als: ÜG.

Wittgenstein, Ludwig (1984): Das Blaue Buch. Frankfurt a.M.: Suhrkamp. Zitiert als: BB.

Wolf, Jonas und Zimmermann, Lisbeth (2015): Between Banyans and Battle Scenes: Liberal Norms, Contestation, and the limits of Critique. Review of International Studies: 1-12.

Zimmermann, Lisbeth (2016): Same Same or Different? Norm Diffusion between Resistance, Compliance, and Localization in Post-Conflict States. International Studies Perspectives 17 (1): 98-115.

Anhang

Abbildung 1: Systematische Übersicht des kodierten Datenmaterials

Datenmaterial und Kodierschritte	*Kurzbeschreibung*	*Umfang*	*Umfang des Kodierschrittes*
Erstes offenes Kodieren	*Sicherheitsratsprotokolle (SC)*	*Vollständig kodiert*	*58 Seiten*
SC 01.03.2014	SC 7124	7 Seiten	
SC 03.03.2014	SC 7125	20 Seiten	
SC 13.03.2014	SC 7134	19 Seiten	
SC 15.03.2014	SC 7138	12 Seiten	
Zweites offenes Kodieren	*Sicherheitsratsprotokolle (SC)*	-	*60 Seiten*
SC 19.03.2014	SC 7144	20 Seiten	
SC 13.04.2014	SC 7154	17 Seiten	
SC 16.04.2014	SC 7157	23 Seiten	
Erstes axiales Kodieren: Kontrast Kosovo	*Sicherheitsratsprotokolle (SC); Statements vor dem ICJ; Rede Putin*	*Nach ausgewählten Akteuren kodiert*[58]	*50 Seiten*
SC 10.06.1999	SC 4011	Seiten 7-9, 11-12, 14-15,18.	7 Seiten
SC 24.03.1999	SC 3988	Seiten 3-7, 9-10.	6 Seiten
SC 26.03.1999	SC 3989	Vollständig kodiert	

[58] Zur Begründung siehe Kapitel 7 Datenmaterial und Kodierschritte.

SC 18.02.2008	SC 5839	Seiten 6-8, 12-14, 18-20.	7 Seiten
ICJ 2009 Russia	ICJ Statement	Seiten 31-40.	9 Seiten
ICJ 2009 China	ICJ Statement	Vollständig kodiert	8 Seiten
Rede Putin 18.03.2014	Rede	Vollständig kodiert	13 Seiten
Zweites Axiales Kodieren	*Sicherheitsratsprotokolle (SC)*	*Vollständig kodiert*	*39 Seiten*
SC 28.05.2014	SC 7185	19 Seiten	
SC 08.08.2014	SC 7239	20 Seiten	
Drittes Axiales Kodieren	*Sicherheitsratsprotokolle (SC) Declaration*	*Nach ausgewählten Akteuren kodiert*	*123 Seiten*
SC 24.10.2014	SC 7287	Seiten 6-11, 16, 19-27.	16 Seiten
SC 21.01.2015	SC 7365	Seiten 3-9, 11, 13-15, 17-21.	13 Seiten
SC 06.03.2015	SC 7400	Seiten 6-13, 16-17, 21-27.	16 Seiten
SC 11.12.2015	SC 7576	Seiten 9-16, 18-19, 25-28.	12 Seiten
SC 28.04.2016	SC 7683	Seiten 6-7, 9-14, 18, 20-28.	17 Seiten
Declaration Russia/China	Declaration	Vollständig kodiert	3 Seiten
SC 02.02.2017	SC 7876	Seiten 9-15, 18-19.	8 Seiten

SC 29.05.2018	SC 8270	Seiten 10-11, 13-14, 16-17, 20-24, 25-28.	15 Seiten
SC 26.11.2018	SC 8410	Seiten 3-5, 9-14.	8 Seiten
SC 12.02.2019	SC 8461	Seiten 7-10, 13-14, 15, 17-19, 22-27,	15 Seiten
Gesamtumfang des kodierten Materials			*330 Seiten*

Abbildung 2: Dokumenten-Zuordnung der im Text direkt zitierten Codes[59]

Code	*Dokument*	*Code*	*Dokument*	*Code*	*Dokument*
C8a	7124	C207	7134	C371a	3988
C10	7124	C209	7134	C371	3988
C12	7124	C222	7134	C373	3988
C13	7124	C225	7134	C374	3988
C15	7124	C226	7134	C382a	5839
C31	7124	C227	7134	C389	5839
C32	7124	C228	7134	C399	ICJ Russia
C36	7124	C239	7134	C400	ICJ Russia
C49	7124	C240	7134	C401	ICJ Russia
C50	7124	C247	7134	C412	Rede Putin
C52	7124	C248	7134	C414	Rede Putin
C53	7125	C263	7138	C417	Rede Putin
C56	7125	C264	7138	C418	Rede Putin
C62	7125	C270	7138	C420	Rede Putin
C63	7125	C271	7138	C422	Rede Putin
C66	7125	C274	7138	C423	Rede Putin
C67	7125	C283	7138	C424	Rede Putin
C68	7125	C284	7138	C425	Rede Putin
C70	7125	C296	7144	C427	7185
C101	7125	C300	7144	C430	7185
C105	7125	C304	7144	C434	7185

[59] Siehe für die hier verwendeten Meeting-Nummern des Sicherheitsrats auch das Literaturverzeichnis.

C120	7125	C306	7144	C436	7185
C121	7125	C307	7144	C440	7185
C123	7125	C308	7144	C457	7287
C124	7125	C309	7144	C458	7287
C152	7125	C311	7144	C464	7287
C153	7125	C322	7144	C468	7365
C155	7125	C327	7144	C469	7365
C156	7125	C329	7144	C470	7365
C157	7125	C335	7144	C477	7400
158b	7125	C345	7154	C481	7576
C163	7134	C348	7157	C483	7576
C166	7134	C349	7157	C485	7576
C167	7134	C350	7157	C486	7683
C168	7134	C351	7157	C489	7683
C170	7134	C353	7157	C496	Declaration
C180	7134	C355	7157	C497	Declaration
C190	7134	C356	7157	C499	Declaration
C195a	7134	C357	7157	C500	Declaration
C195	7134	C358	7157	C501	Declaration
C199	7134	C359	7157	C506	7876
C202	7134	C359b	7157	C512	8270
C203	7134	C361	3988	C518	8410
C205	7134	C363	3988	C520	8461
C206	7134	C364	3988		

Die nachfolgende Übersicht weiterer Sequenzen dient in erster Linie der vertiefenden Nachvollziehbarkeit der oben vorgenommenen Rekonstruktion. Weil die hier aufgeführten Codes im Analyseteil der Arbeit nicht selbst zitiert, aber ergänzend aufgeführt wurden, sind auch dessen Sequenzen im Original – teils stark gekürzt – beigefügt. Die zugeordneten Memos sind hier keinesfalls vollständig, sondern in einer einordnenden Funktion ebenfalls drastisch gekürzt wiedergegeben. Eine Aufführung der Memos wurde aus Platzgründen auch dann weggelassen, wenn die dort vorgenommene Interpretation/Lesart bereits im Analyseteil dieser Arbeit unmittelbar eingearbeitet wurde. Ein solches Vorgehen bedingt sich durch die große Menge und Länge der Sequenzen und Memos, die für sich bereits die Gesamtlänge dieser Arbeit überschreiten. Die Zuordnung der Sequenzen können über die Angabe der jeweiligen Dokumentnamen i.V.m. dem Quellenverzeichnis nachvollzogen werden.

Code Staat	*Sequenz*	*(Teil-)Memo*	*Dokument*
C9 Ukraine	Ukraine calls on the guarantor States to react immediately in order to prevent intervention. We call for international monitors of the situation in Ukraine with regard to the aggression of the Russian Federation. We urge all States Members of the United Nations to demonstrate solidarity with the Ukrainian nation to protect the sovereignty and territorial integrity of the country and the very basic principles of the United Nations, currently brutally violated by a permanent member of the Security Council.		7124
C19 Russia	Why are some of our Western colleagues trying to prolong the confrontation? Why are they bringing armed militants into the streets? Why do those armed militants need to throw Molotov cocktails at the police? Why are they going after the police? Have we heard any censure of these activities from the Western supporters of democracy in Ukraine? We, for one, have heard not one word from any of the many institutions that promote democracy. It is therefore unclear why they even exist, if they do not react to such manifestations.	Die Sequenz vermitteln den Eindruck, die „european Colleagues" intervenieren geradezu in die inneren Angelegenheiten der Ukraine und tragen (über zivile Organisationen, vgl. letzter Satz) wesentlich zu den gewalttätigen Protesten bei und destabilisieren damit das Land weiter. Die Sequenz „We, for one, have heard not one word from any of the many insitutiions that promote democracy" suggeriert den Anschein wirtschaftlicher statt demokratiefördernder Interessen europäischer Staaten. Es scheint die Lesart plausibel, den Erhalt von Souveränität in der Abwesenheit von ausländischen und zivilen Agenda-Setting zu sehen.	7124
C22 Russia	This was not the result of a political coalition or process. One opposition leader sought to assert himself, claimed victory and tried to impose his will on the people. I would not venture to estimate their numbers,	Diese Sequenz legt nahe, Souveränität als Abwesenheit außerverfassungsrechtlicher Opposition zu verstehen (...). Hier wird nicht nur der Regimewechsel und dessen Akteure delegitimiert,	7124

	but there are a number of political groups whose membership includes radical extremists working in the field of Ukrainian security.	sondern auch die neue Regierung selbst. Der Verweis „impose his will on the people“ impliziert, die ‚eigentlichen‘ Ukrainer teilen ein solches Handeln gerade nicht. (…)	
C37 United States	First, Russia should directly engage the Government of Ukraine	Ukrainische Regierung als zentraler und einziger Ansprechpartner/völkerrechtlich relevanter Akteur (…)	7124
C42 United Kingdom	(…) the fact that the Russian Parliament has authorized Russian military action on Ukrainian soil against the wishes of the Ukrainian Government	Souveränität an nationale Regierung gebunden; Rechtssubjekt ist, wer international als Staat anerkannt ist.	7124
C72 United States	A second issue is whether the population of Crimea or other parts of eastern Ukraine are at risk because of the new Government.	Die Sequenz führt einen zweiten Rechtfertigungsgrund auf, der dann nachfolgend subsumiert wird: Eine Bedrohung der Krimtataren, ebenfalls *durch* die neue Regierung (…). In diesem Kontext wird Sicherheit unmittelbar mit Souveränität verbunden (vgl. den größeren Absatz) und gerade diese durch die „neue Regierung“ selbst als bedroht beschrieben. (…)	7125
C73 United States	It is why the Ukrainian authorities have repeatedly reached out to Russia. Russia needs to reciprocate and to begin to engage directly with the Government of Ukraine.	Die Sequenz diskutiert zwar grundsätzlich nur eine Situationsbeschreibung. Die Schlussfolgerung, Russland müsse sich direkt mit der ukrainischen Regierung selbst verständigen, fasst aber einen zentralen Punkt auf, der die Lesart plausibel erscheinen lässt, legitimes Völkerrechtssubjekt könne ungeachtet kulturell-politischer Gründe auch weiterhin nur ‚die Ukraine‘ als solche sein; damit wird Souveränität abstrakter verstanden (…)	7125
C74 United States	I note that Russia has implied a right to take military action in the Crimea if invited to do so by the Prime Minister of Crimea. As the Government of Russia well knows, that has no legal basis. The prohibition on the use of force would be rendered moot were subnational authorities able to unilaterally invite military intervention by a neighbouring State. Under the Ukrainian Constitution, only the Ukrainian Rada can approve the presence of foreign troops.	Die Sequenz bringt pointierter die im Absatz zuvor aufgebaute Argumentation auf den Punkt und bringt zum Ausdruck, dass einzig eine staatliche Regierung, nicht autonome Regionen handlungsfähige Akteure des Völkerrechts sind: „no legal basis“ (…).	7125
C75 United States	If we are concerned about the rights of the Russian- speaking minorities, the United States is prepared to work with Russia and the Council to protect them.	Die Sequenz kann als rein politisches Statement gelesen werden, impliziert aber durchaus, dass Schutzverantwortungen kollektive Angelegenheiten seien. (…)	7125

C83 France	By occupying Crimea, Russia has taken a territorial bet. The goal is clear – to bring the authorities of Kyiv to heel, to bring them back into the sphere of influence of Moscow and to remind them that their sovereignty is limited.	Souveränitätseinengung durch eine Gewährung nur unter vorauszusetzender Zustimmung Russlands. Dieser als Vorwurf formulierte Satz deckt sich teilweise mit eigenen Lesarten. Durchaus kommt der „Sphere of influence" eine zentrale Bedeutung zu, scheint von Russland selbst aber vor allem auch mit eigenen losen Souveränitätsrechten in Verbindung gesetzt zu werden.	7125
C86 France	(...) immediate cantonment, disarmament and dissolution of paramilitary elements and other groups with illegal weapons, monitored by international observers; thirdly, the Ukrainian Parliament's re-establishment of the law on regional languages; fourthly, the establishment of a high council for the protection of minorities; fifthly, the implementation of constitutional reforms; and sixthly, the organization of presidential elections on 25 May under the aegis of the Organization for Security and Cooperation in Europe (OSCE). These are simple principles, the implementation of which international mediation should be able to negotiate with all the parties concerned. The Secretary-General of our Organization, together with the European Union and the OSCE, has a central role to play in that area.		7125
C109 Lithuania	Consultation mechanisms are also foreseen.	Vgl. besonders den weiteren Abschnitt. Hier wird besonders stark auf multilaterale Konfliktlösung abgestellt; ein Völkerrechtsbruch sei hier gerade nicht lediglich zwischen den beteiligten Staaten auszuhandeln, sondern stets eingebettet in der breiten internationalen Gemeinschaft. (...)	7125
C119 Jordan	(...) need for the Security Council to investigate the crisis in the Crimean region.	Vgl. andere Sequenzen, die die Lesart nahelegten, den Konflikt zu etwas Kollektivem zu erklären; auch das stellt einen zentralen Streitpunkt dar, der mit völkerrechtlichen Begriffen in Verbindung gebracht wird.	7125
C128 Australia	Russia must engage in direct dialogue with Ukraine	Vgl. bereits vorherige Sequenzen mit ähnlichem Wortlaut. Einziger Adressat ist die Ukraine; Regionen oder Separatisten sind als diplomatische Gesprächspartner nicht akzeptiert, vor allem geht es hier aber (auch in Abgrenzung zu ähnlichen Vorwürfen ggü westlichen Staaten) darum, die Ukraine selbst als Völkerrechtssubjekt anzuerkennen. Hier gelangt zum Ausdruck, kulturelle oder sprachliche Nähen zu Russland können keinen legitimen Grund darstellen und sind gerade unabhängig von der Frage der Souveränität/Rechtssubjektstatus. (...)	7125
C130 Australia	That would be the best way to address Russia's stated concerns about	Vgl. weiterer Abschnitt mit starken Kontrasten darüber, was eine	7125

	minority rights, and we urge Russia to consider it. We welcome the news that the OSCE will begin deploying some initial monitors tonight.	legitime Interpretation von Minderheitenrechten sei und wie auch Staaten auf solche Fragen zu reagieren haben.	
C136 Nigeria	We therefore call on the international community and particularly those who can exert a constructive influence over the concerned parties to intensify efforts towards mediation in the crisis.	Konflikt wird zu etwas Kollektivem erklärt, vgl. bereits ähnliche Sequenzen zuvor. (…)	7125
C144 Ukraine	I would like to inform the Council that it is the obligation of our Government and people to care about that. We do not need external help. Our Minister for Foreign Affairs agreed with the High Commissioner on National Minorities of the Organization for Security and Cooperation in Europe to provide an observer mission in Crimea.	(…) in dieser Sequenz kommt zum Ausdruck, der Schutz der Bevölkerung sei eine zentrale Obliegenschaft der Regierung und damit Teil der Souveränität. Die deutliche Formulierung „We do not need external help." bringt zum Ausdruck, auch darüber entscheiden zu können, wann diese Aufgabe nicht mehr wahrgenommen werden könne und fällt hier geradezu subsumtionslogisch aus. Zentral ist hier insofern, dass eine Interpretation deutlich wird, die im Kontrast zu einer russischen Interpretation konkretisiert, wann auch externe Hilfe legitim sein könne. (…)	7125
C146 Ukraine	Unfortunately, the representative of the Russian Federation has attempted to explain the presence of Russian troops in Crimea by saying they are serving as peacekeepers. As we have heard from many who spoke today, those acts are seen as aggression and a provocation of a large-scale armed conflict in Ukraine. That is unacceptable for a State that is one of the guarantors of our sovereignty and territorial integrity under the Budapest Memorandum – and, moreover, (…).	Hintergrund: Der Delegationsvertreter spricht hier auf Russisch und direkt an einen ukrainischen Fernsehsender und einigen Medien-Companies aus Russland gewandt. Nachfolgend wird in erster Linie der Versuch unternommen, Fakten zu sortieren.	7125
C147b Ukraine	Under our Constitution, only the Ukrainian Parliament can take those decisions. Do we need military assistance to deal with those humanitarian questions? I have already said that we do not need that type of assistance.	Die Sequenz richtet sich an zwei Adressatengruppen und bringt auch zwei Dinge zum Ausdruck. Erstens an die eigene Bevölkerung gerichtet, mit der Betonung „our Constitution", ein Souveränitätsgefühl: Unser Parlament, unsere Verfassung, unsere Aufgabe. Zweitens, an die internationale Gemeinschaft gerichtet: „I have already said that we do not need that type of assistance" und der darin ausdrückenden Überzeugung, als souveräner Staat selbst darüber zu entscheiden, was	7125

		auf ukrainischem Territorium passiert. (…)	
C150 Ukraine	The Russian side justified its decision to carry out a military intervention in Ukraine by saying that the Prime Minister of Crimea, Mr. Aksyonov, had requested it. His appointment runs counter to the Constitution. He is not a legitimate leader of the administrative territory of Ukraine.	Die Sequenz legt verschiedene Lesarten nahe. Zum Ersten der Versuch, grundsätzlich eine Interventionsbegründung von russischer Seite zu entkräftigen dadurch, dass eine Zuständigkeit des „Prime Minister of Crimea" die Zuständigkeit abgesprochen wird. Darin kommt aber durchaus zum Ausdruck und wird in der Begriffsverwendung „administrative territory of Ukraine" bestärkt, dass Souveränität an verfassungsrechtliche Grundsätze gebunden ist („runs counter to the Constitution"). Das würde in Kombination der Vorabschnitte auch konkretisieren, wie das Verhältnis von Souveränität und Demokratie in der ukrainischen Lesart verstanden werden kann: Zwar kommen den Bürgern eine zentrale Rolle zu, Souveränität im Staatsinnenverhältnis mit Leben zu füllen, indem demokratische und menschenrechtliche Gestaltungsmöglichkeiten wahrgenommen werden. Zugleich geht es aber darum, unter einem gemeinsamen Schirm der Verfassung zu handeln, nachdem weder Regionen noch Bevölkerungsgruppen eine gesonderte Stellung zukommt. Damit wird auch hier die Lesart eins rechtspositivistischen Verständnisses von Souveränität und Staatsbürgerschaft zum Ausdruck gebracht oder kann als solches plausibel interpretiert werden.	7125
C158 Russia	The key issue here is, does anyone really think that Russia could allow a repeat of what happened there in central and eastern Ukraine, where millions of Russians live? I would recall that, years ago, the United States took over Grenada. President Reagan said that they were defending American citizens who resided there. That was 1,000 people, and there was no threat to those citizens from Grenada. We have millions living there. They have concerns.	Entscheidend scheint in dieser Sequenz, dass sich eine Schutzverantwortung Russlands ausdrücklich und ausschließlich auf den Schutz russischer Ethnien bezieht.	7125
C169 Luxembourg	We hope that this public meeting of the Security Council – the body that, under the Charter of the United Nations, has the primary responsibility	Die Sequenz verweist grundsätzlich auf die Bemühungen, eine friedliche Beilegung der Krise in der Ukraine zu erreichen. Die	7134

	for maintaining international peace and international security – will help to strengthen the efforts of the entire international community in favour of a peaceful settlement of the crisis in your country.	Sequenz bringt dabei aber verschiedene Überzeugungen zum Ausdruck. Erstens, wird an zwei Stellen die öffentliche Dimension hervorgehoben: „this public meeting of the security Council", eingehegt als Organ der UN-Charta mit einer „primary responsibiity for maintaining international peace" und letztlich die Betonung, die Öffentlichkeit solle dazu beitragen, die „efforts of the entire international community" zu befördern. Der eingeschobene Satz mit dem Verweis auf die kollektive Verankerung und Aufgabe des Sicherheitsrates sowie der doppelte Verweis auf die Öffentlichkeit und der „gesamten internationalen Gemeinschaft" lässt sehr plausibel eine Interpretation zu, nach der der Konflikt zunächst zu einer internationalen und gemeinschaftlichen Angelegenheit gemacht wird. Dieser wiederum, zeigt weiterhin besonderen Respekt für die Souveränität der Ukraine darin, dass geradezu ein Dienst dieser internationalen Gemeinschaft im Sinne der Ukraine ausgedrückt wird: „help to strengthen the efforts (...) in favour of a peaceful settlement of the crisis in your [!] country". Daraus lässt sich die Hypothese formulieren, Souveränität hat eine doppelte Dimension, die zunächst als inhärentes und hohes Recht des jeweiligen Staates verstanden wird das es grundsätzlich und immer zu respektieren gilt. Darüber hinaus Souveränität und als Ausdruck dessen auch Frieden, international eingehegt ist. Souveränität wird durch die gesamte internationale Gemeinschaft garantiert.	
C172 Luxembourg	In conclusion, let me reiterate once again our call on all parties concerned, in particular Russia, to give priority to dialogue over violence and international law over the law of the strongest		7134
C200 Jordan	We also affirm that the international community should help launch a political process in Ukraine that will include all parties and communities, including minorities, with a view to restoring peace, security and the rule of law in Ukraine. Such a political process must ensure the rights of all citizens of Ukraine and pave the way for presidential elections in May.		7134
C208 China	It continues to address the issue objectively and impartially. It is	Die markierte Sequenz beginnt mit der Festlegung, das Thema	7134

	China's long-standing position not to interfere in the internal affairs of other States and to respect their sovereignty and territorial integrity.	„objectively and impartially" zu begegnen. Das scheint in dem ersten Eindruck selbsterklärend zu sein, lässt aber gerade deswegen und der Erwähnung zur Einleitung des nächsten inhaltlichen Punktes zwei Lesarten zu, die grundsätzlich erstmal gleichsam plausibel scheinen: Erstens, China nutz den Hinweis als Verstärkung des nachfolgenden Punktes, oder zweitens, der Satz lässt sich als impliziter Vorwurf bisherige 'Befangenheit' der Sprechenden verstehen. Mit Blick auf den Folgesatz wird deutlich, warum beide Lesarten sinnvoll erscheinen, so verschieden sie sind: Hier argumentiert China, seine „long-standing position" zu vertreten, nicht in interne Angelegenheiten eines anderen Staates „to interfere" und so die Souveränität und territoriale Integrität zu respektieren. Beide Lesarten scheinen denkbar, weil einerseits europäische Staaten mit dem schon von Russland vorgebrachten Vorwurf gemeint sein können, sich in interne Angelegenheiten einzumischen. Oder es könne ein Verweis auf Russland selbst sein. Mir scheint in dem Gesamtabschnitt und durchaus auch in dem Gesamtbeitrag erstere Lesart einleuchtender, nämlich dass hier eine Einmischung europäischer Staaten adressiert wird. Das scheint schon deswegen plausibel, weil sonst der darüberstehende Abschnitt mit dem Verweis auf historische und andere Umstände nicht sinnvoll integriert werden kann.	
C211 Nigeria	The fundamental principle at stake in the crisis is respect for the sovereignty and territorial integrity of a State member of the United Nations. We want to remind all concerned to uphold the provisions of the Charter of the United Nations, particularly as concerns the peaceful resolution of conflicts. In order to engender a peaceful settlement of the current impasse, there must be understanding. There must be mutual trust. There must be flexibility and a willingness between the parties to engage in constructive and peaceful dialogue. We want to urge the parties not to slam the door on dialogue, which represents a priceless opportunity for all issues to be discussed towards a peaceful and mutually acceptable resolution of the crisis.		7134
C218 Australia	The Crimean Parliament itself has no standing on that issue.	Ukraine als solche als Völkerrechtssubjekt; vgl. Sezessionsrecht.	7134

C223 Russia	We have already said in this Chamber that there were no objective grounds for Ukraine's deteriorating situation over the past few months. All that was at stake was the need for President Yanukovych and his Government to adopt a decision on whether it was beneficial to Ukraine to sign the association agreement with the European Union that was proposed by Brussels. The reaction to Kyiv's decision to refrain from that for now while still maintaining a so-called European future outlook was totally unfounded. The escalation was provoked both by forces in Ukraine and by Western sympathizers with that country.	Die Sequenz ist in der Form bereits in den vergangenen beiden, vor allem der ersten Sitzung geäußert worden. Daher die Wiederholung meiner These: Darin kommt ein Souveränitätsverständnis zum Ausdruck, dass Souveränität als Schutz vor Einmischung in „internal affairs“ sehr strikt und restriktiv ausgelegt. Ungeachtet, ob die Behauptung, europäische Staaten hätten die Proteste durch Sympathien bestärkt, wird offenbar bereits darin eine Verletzung staatlicher Souveränität wahrgenommen. Insofern ist in den Stellungnahmen Russlands bisher zu trennen: Die Proteste und die sympathisierende Unterstützung durch westliche Staaten werden als Souveränitätsverletzung verstanden, die sodann erst dazu beigetragen haben, russische Minderheiten zu bedrohen. Russlands Intervention (die bislang nach wie vor abgestritten wird), wäre als Schutz dieser rechtfertigbar, ist aber in russischem Narrativ nicht Ursprung einer Souveränitätsverletzung.	7134
C246 Lithuania	The original inhabitants of Ukraine, Crimean Tatars, have spoken loudly against the referendum and Crimea's secession and have reaffirmed their desire to see their homeland as part of Ukraine. But their voices will not count, nor will the voices of many other ethnic groups inhabiting Crimea, including Ukrainians themselves, because the referendum is specifically designed to endorse secession. There is simply no other option but to say yes to partition.	Die Sequenz bezieht einen zweiten Aspekt auf die Zulässigkeitsfrage des Referendums (vgl. C255). Danach wird es allen ukrainischen Staatsbürgern („Crimean Tatars, many other ethnic groups, Ukrainians themselves“) abgesprochen, eine gültige Stimme („their voice will not count“) in einer Referendumsfrage zu haben und das damit begründet, dass verfassungsrechtliche und durchaus auch hier verfahrensrechtliche Anforderungen nicht erfüllt seien: „designed to endorse secession. There is simply other opinion but to say yes to partition”. Darin kommt plausibel zum Ausdruck: a) Positiven (Verfahrens-)Recht eine signifikant höhere Stellung einzuräumen als ethnischen, politischen oder historischen Gründen b) der Wille der Bevölkerung sogar ausschließlich in verfassungsrechtlichen Rahmen als geltend zu erklären,	7134

		c) und damit ein positivistisches Rechtsverständnis. Interessant ist dennoch auch in dieser Sequenz, dass überhaupt auf „original inhabitants of Ukraine" und dessen „loudly Voice" Bezug genommen wird. Auch hier scheinen zwei Lesarten denkbar, die darin zum Ausdruck kommen, wobei im Kontext der Hypothesen a-c erstere plausibel und kohärenter scheint: Erstens kommt hier lediglich ein positivistisches Verständnis zum Ausdruck und der Bezug ist als Reaktion und Feststellung in Reaktion auf die russische Delegation zu verstehen. Zweitens ließe sich aber durchaus feststellen, dass offenbar der Begründung Russlands einen solchen Stellenwert eingeräumt wird, dass zumindest die anlehnende Begründung nötig scheint. Insofern scheint die Position Litauens und wie sie im weiteren Verlauf positives Recht und russische Rechtfertigungen verwendet, besonders interessant zu sein. (…)	
C252 Lithuania	(…) and to use whatever little time remains for open dialogue and the participation of international mediation. While it is still possible, we appeal to the Russian Federation to withdraw its troops to their regular locations, accept the primacy of international law and reaffirm its respect for the Charter of the United Nations, engage in direct dialogue with Kyiv without any further delay, revert to existing mechanisms of crisis resolution, and accept the initiatives of the United Nations, the OSCE, the Council of Europe and whatever other initiatives there are that are aimed at preventing further escalation and launching international monitoring mechanisms.		7134
C266 United States	Under the Charter of the United Nations, the Russian Federation has the power to veto a Security Council draft resolution. But it does not have the power to veto the truth. As we know, the word "truth" – or "pravda" – has a prominent place in the story of modern Russia. From the days of Lenin and Trotsky until the fall of the Berlin Wall, Pravda was the name of the house newspaper of the Soviet communist regime. But throughout that period, one could search in vain to find "pravda" in pravda. Today one again searches in vain to find truth in the Russian position on Crimea, on Ukraine or on the proposed Security Council resolution (S/2014/189) considered and vetoed a few moments ago. The truth is that the draft resolution should not have	(…) Das impliziert, dass historischen Gründen, die von Russland zuvor stark gemacht wurden, keine Geltung zugesprochen werden. In dem rhetorischen Mittel mit dem Verweis auf „truth" kommt zudem zum Ausdruck, dass darin vielmehr eine Unvereinbarkeit mit Art. 2 UN-Charta gesehen wird. (…) Daraus folgt sodann ein Souveränitätsverständnis, dass gerade nicht an politischen, historischen oder kulturellen Aspekten gekoppelt ist, sondern ausschließlich an rechtlicher Verfahren: die einmal unter Völkerrecht an die Ukraine ‚abgegebene' Krim und ihr ‚automatischer' (wie Russland es ausdrückt) Übergang in die Souveränität der Ukraine nach dem Zerfall der	7138

	been controversial. It was grounded in principles that provide the foundation for international stability and law, Article 2 of the Charter of the United Nations, the prohibition of the use of force to acquire territory and respect for the sovereignty, independence, unity and territorial integrity of Member States. Those are principles that Russia agrees with and defends vigorously, all round the world; except, it seems, in circumstances that involve Russia.	Sowjetunion gilt als ukrainisch wegen diesen Verfahrens als solchen, historischer Kontext spielt hier keine Rolle. (…)	
C281 Rwanda	Voting for the text before us was a hard decision we had to make, and that is so because we are not convinced that the timing of the draft resolution was productive to the objective and purpose of the Security Council. It is hinged on the timing of the planned referendum in Crimea, which may not resolve the entire crisis. More cynical is the objective being stated in these corridors and in some capitals to isolate each other, including important stakeholders, in our search for a peaceful solution to the crisis in Ukraine. There is no need to isolate; however, there is a need for a real and frank dialogue. That is why we are in the Chamber, all of us, as a United Nations	Aus der Sequenz werden auf den ersten Blick keine (neuen) Aspekte von Souveränität ausgedrückt. Interessant ist aber die Sonderposition die Ruanda einnimmt und argumentiert, der Resolution nur deswegen zugestimmt zu haben, weil sie internationale Prinzipien vertritt, aber zur Konfliktlösung sogar kontraproduktiv sei. Das ist aber deswegen interessant, weil Souveränität im Kontext eines anstehenden Referendums in einem engen Konflikt dazu gesehen wird, einen innerstaatlichen Konflikt friedlich lösen zu können. (…)	7138
C282 China	The current situation in Ukraine is highly complex and sensitive and has regional and international repercussions.	Vgl identisch etwa zu C205.	7138
C285 China	China always respects the sovereignty and territorial integrity of all States. Those are long-standing and fundamental elements of China's foreign policy. At the same time, we note that foreign interference is also a significant factor, giving rise to violent clashes on the streets of Ukraine and resulting in the crisis in the country.	Die Sequenz scheint die chinesische Position noch zu ergänzen und einen neuen Aspekt zu betonen: Der Zeite Satz „at the same time" legt bereits semantisch ein Rechtfertigungs- oder Abwägungsargument nahe. Ein ausländischer Eingriff in die zuvor angesprochene staatliche Souveränität sei ein „signifikanter Faktor" im Zuge gewaltsamer aufeinanderstoße in den Straßen der Ukraine und eine daraus resultierende Krise des Landes. Damit stimmt die chinesische Delegation zumindest in der Konsequenz überein, ein Eingriff könnte gerechtfertigt sein. Grundsätzlich scheint hier für verschieden denkbare Lesarten entscheidend, ob China sich hier auf eine russische Intervention	7138

		aufgrund einer Bedrohung russischer Bevölkerungsteile bezieht, oder auf eine Intervention der internationalen Gemeinschaft aufgrund der Situation als solche. Liest man die hierstehende Sequenz in Verbindung mit C284 in der die Rede davon ist, „the situation in Ukraine, which seems to be accidental, has elements of the inevitable" scheint gerade die Wortwahl des „Unausweichlichen/Unvermeidbaren" erstere Lesart nahezulegen, auf die sich das Wort unvermeidbar bezieht. Also: Eine in der Form unvermeidbare Konfliktentwicklung vor dem Hintergrund historischer und gegenwärtiger Umstände, die sich in gewaltvollen Auseinandersetzungen ausdrückt, könnte eine ausländische Intervention rechtfertigen. (...)	
C286 China	Drafting a resolution at this juncture will only lead to confrontation and further complicate the situation. It is not in line with the common interests of both the people of Ukraine and the international community. On the basis of the above, we could only abstain in the voting on the draft resolution (S/2014/189).	Die Begründung ist vor dem Hintergrund der zuvor geäußerten Position Ruandas interessant: Während Ruanda grundsätzlich einen Verstoß gegen internationales Recht sieht und in der Resolution dahingehend eine Verteidigung grundsätzlicher Prinzipien dessen, wird der Draft Resolution wegen der konfliktverschärfenden Wirkung nur ungerne zugestimmt. (...) China kommt zur selben Konsequenz, die Position scheint aber grundsätzlich einer Intervention einen legitimen Raum zu geben.	7138
C287 Chile	Given that situation, at stake here are fundamental principles of international law, such as abstaining from the threat or use of force and respecting the sovereignty, independence and territorial integrity of Ukraine, in accordance with the Charter of the United Nations.	Völkerrecht mit eigener Autorität.	7138
C288 Argentina	However, we voted for the draft resolution contained in document S/2014/189 because it reasserts the primacy of the principle of territorial integrity.		7138
C289 Australia	(...) to reaffirm the fundamental principles and norms governing relations between States in the post-1945 world – obligations that form the core of the Charter of the United Nations – respect for the sovereignty and territorial integrity of all States, the obligation to refrain from the threat or use of force against the territorial integrity or political independence of any State, the illegality of the acquisition of territory through the threat or use of force and the obligation to settle disputes by peaceful means.		7138

C290 Republic of Korea	The Republic of Korea voted in favour of the draft resolution contained in document S/2014/189, as we firmly believe that the unity and territorial integrity of Ukraine should be fully respected and that the future of Ukraine.		7138
C291 Nigeria	Nigeria voted in favour of the draft resolution contained in document S/2014/189 because it reflects the principles embodied in the Charter of the United Nations, which obliges all States to refrain in their international relations from the threat or use of force against the territorial integrity or political independence of any Member State. The United Nations Charter also obliges States to settle their disputes by peaceful means.		7138
C292 Chad	Chad has consistently expressed its commitment to the territorial integrity and unity of Ukraine, in accordance with the Charter of the United Nations. The intangibility of borders and territorial integrity of States is a sacred principle set forth in the Constitutive Act of the African Union. Chad's vote in favour of the draft resolution contained in document S/2014/189 reflects that commitment.		7138
C293 Jordan	Jordan has voted in favour of the draft resolution contained in document S/2014/189 out of its respect for Ukraine's sovereignty, territorial integrity and political independence and non-interference in its internal affairs. Moreover, it calls for adherence to the purposes and principles of the Charter of the United Nations, especially Article 1, and to the use of peaceful means to settle disputes.		7138
C294 Luxembourg	Luxembourg deeply regrets that the draft resolution (S/2104/189). proposed by the United States of America, on the situation in Ukraine was not adopted because of the vote against it by Russia, a permanent member of the Council. Luxembourg voted in favour of the draft resolution and is also a sponsor of the text, as did many United Nations States Members. Why? Because the draft resolution was based on principles and dialogue.		7138
C310 Russia	It is only now that the will and freely expressed choice of the Crimean has been fulfilled.		7144
C313 Russia	Two scandalous incidents occurred only yesterday. Two dozen members of Parliament and activists of the Freedom Party pushed their way into the Cabinet, and in front of cameras beat up and took away the General Director of the Ukrainian First National television station, who knows where. Who is in authority in Kyiv? Neo-Nazi slogans are heard, Nazi enforcers and their Bandera-loving storm-troopers are glorified, and calls are sent out for violence against Russian-speaking Ukrainians and Russians in general, with all the signs of ethnic cleansing, and for the armed overthrow of the legal authorities. These must all be clear and obvious to anyone claiming to be objective. Instead, supposedly profound concerns are raised about the human rights situation in Crimea. As a result of the combined efforts of the people and the self-defence forces, law and order has been maintained, and Crimean authorities have guaranteed the rights of all minorities, without exception.	(…) Zentral an der Sequenz ist das Bild des nicht-vorhandenen Staates, der es dann erforderlich macht, ein Selbstverteidigungsrecht zu gebrauchen. Darin drückt sich die Überzeugung aus, Souveränitätsträgerschaft an eine tatsächliche Wahrnehmung konkreter Pflichten zu binden. Ist das nicht der Fall und ist in Folge dessen der autonome Status einer Region in Gefahr, erlischt gleichermaßen auch das Recht der Ukraine, Souveränitätsrechte (selbst) ausüben zu können, die dann an die ‚eigentlichen' zentralen Rechtssubjekte, den ethnischen Minderheit gleichermaßen übergeht. (…)	7144

C337 Russia	It is the West that must determine the opportunity for avoiding civil war in Ukraine. Some people, including in this Chamber, do not wish to recognize the real reasons for the events in Ukraine and are forever seeing the hand of Moscow in the South-East. Enough is enough. They must stop claiming that we have deployed our army along the border with that country and are practically already at the English Channel, and that we have sent agents to coordinate the protests in Ukraine. It must be understood that south-eastern Ukraine and its people are deeply worried about their future and that they do not want anyone, especially the nationalist radicals, to impose their will on them.	(…) Vgl. insbesondere den letzten Satz dieser Sequenz, der im „impose their will on them" ein souveränitätsverletzendes Element meint. (…) Nicht Russland ist es hier, der im Kontext der Krim-Krise Souveränität verletze, sondern ‚der Westen', der – wenn auch nicht mit militärischen Mitteln – in einer solchen Perspektive interveniere (…)	7154
C344 Argentina	The delegation of Argentina reiterates that it is essential that we adhere to the principles that we subscribe to as Members of the United Nations. In particular, we must remember our commitment to non-interference in the internal affairs of States, whether militarily, politically or economically. In that respect, we believe that the action of any State or international organization must duly respect Ukraine's handling of its own affairs.		7154
C352 Russia	Ukraine's Parliament has finally been turned into a type of might-makes-right democracy?		7157
C358b Russia	Turning now to another topic that is not appropriate for the Security Council, but my Ukrainian colleague wrongly characterized what I said about the Russian language in Ukraine. What I said was that the Russian language is gradually being pushed out of circulation.	(…) Hier liegt eine Aussage vor, die besonders von russischer Seite immer wieder vorgetragen wird. In dem Verdrängen russischer Sprache liegt in einer solchen Interpretation das souveränitätsverletzende Element. (…) Der erste Teil der Sequenz legt auch hier die Lesart nahe, dass der ‚regionale' Konflikt insgesamt (vgl. besonders die ersten Sitzungen im Sicherheitsrat) für den Sicherheitsrat ungeeignet sei. Obwohl hier klar völkerrechtliche Aspekte ausgehandelt werden, spiele sich Völkerrecht dennoch zwischen den beteiligten Akteuren allein ab. (…)	7157
C360 Russia	It is interesting that this is not the first time we have seen this in the past few years. For some reason, some of our Western colleagues believe that if an armed coup – preferably an armed one – takes place, democrats will always come to power – that Thomas Jefferson will always take charge of the whole thing. But where do we see anybody in Kyiv in power who might have a serious reputation in democratic politics? There are no such people there. Have these pseudo-democrats done anything to ensure that something resembling democracy will emerge even in Kyiv?		7157
C365 Russia	We certainly do not seek to defend violations of international humanitarian law by any party. But it is possible to combat violations of the law	In der Sequenz wird sich auf die humanitären Gründe, speziell sogar humanitäres Völkerrecht bezogen, davon aber explizit	3988

	only with clean hands and only on the solid basis of the law. Otherwise lawlessness would spawn lawlessness. It would be unthinkable for a national court in a civilized democratic country to uphold illegal methods to combat crime.	unabhängig die Verfahrensweise des internationalen Rechts als zwingend bindend betont. Andererseits folge „lawlessness" Daraus wird hier – wie in den Vorsequenzen – interpretiert, die Überzeugung gelangt zum Ausdruck, in der strikten Verfahrenseinhaltung ein wesentliches Grundprinzip zu sehen, das Ausnahmefälle kaum zulässt.	
C377 Argentina	Argentina also wishes to stress that the fulfilment of the legal norms of international humanitarian law and human rights is a response to universally recognized and accepted values and commitments. The obligation to protect and ensure respect for these rights falls to everyone and cannot and must not be debated.	Die Sequenz markiert einen Ausschnitt aus der Begründung des argentinischen Abstimmungsverhaltens, das die Draft-Resolution von Russland, Weißrussland und Indien ablehnt. Zur Begründung wird eine Berücksichtigung der humanitären Situation als Grund aufgeführt.	3989
C380 Russia	We cannot close our eyes to violations of international humanitarian law, wherever they may take place. However, the tragic consequences of the NATO air strikes clearly show that such violations cannot be countered by even greater lawlessness and the wanton use of violence. It is essential to fight for respect of human rights and norms of international humanitarian law, but solely through political and legal methods on the firm basis of the United Nations Charter and the relevant multilateral Instruments.	Die Sequenz ist deswegen interessant, weil hier zunächst die Lesart naheliegend scheint, in der russischen Argumentation liege ein Bruch oder Wandel vor. Denn was zuvor noch als Rechtfertigungsgrund für die Einschränkung staatlicher Souveränität ausgeschlossen wird – nämlich die humanitäre Situation als solche – wird hier doch zumindest berücksichtigt: „We cannot close our eyes". Diese Lesart wäre so aber deswegen nicht vollständig, weil sich auch hier eine starke Orientierung an den formellen Prozessen des UN-Sicherheitsrates und damit einer äußerst restriktiven Auffassung darüber ausdrückt, was legitime Gründe einer Durchbrechung staatlicher Souveränität darstellt. Gerade vor dem Hintergrund einer gar nicht bestrittenen humanitären Notsituation ist es mithin doch die staatliche Souveränität, auf die hier für legitimes und illegitimes Handeln im völkerrechtlichen Sinne abgestellt wird. (…) Insofern wird hier die obige Lesart einer russischen Überzeugung beigehalten, ein „enges", d.h. sehr formalisiertes Verständnis des Völkerrechts zu vertreten. (…)	4011
C381 Russia	NATO seriously violated the Charter of the United Nations and norms of international law, and undermined the authority of the Security Council,		4011

	thus setting an extremely dangerous precedent in the history of international relations.		
C383 China	Therefore, we have great difficulty with the draft resolution. However, in view of the fact that the Federal Republic of Yugoslavia has already accepted the peace plan, that NATO has suspended its bombing in the Federal Republic of Yugoslavia, and that the draft resolution has reaffirmed the purposes and principles of the United Nations Charter, the primary responsibility of the Security Council for the maintenance of international peace and security and the commitment of all Member States to the sovereignty and territorial integrity of the Federal Republic of Yugoslavia, the Chinese delegation will not block the adoption of this draft resolution.	Auch hier ist die Begründung entscheidend, nachdem der Resolution nur deswegen nicht widersprochen wird, weil es der Konfliktlösung dienlich ist. Grundsätzlich bleibt aber eine unbedingte und unteilbare Priorisierung staatlicher Souveränität.	4011
C387 Russia	The Kosovo Force (KFOR) functioning in Kosovo under the aegis of the United Nations must comply strictly with their mandate in accordance with resolution 1244 (1999), on the basis of which KFOR must assist UNMIK and the parties to implement – but not to breach – that resolution. KFOR, together with the United Nations Civilian Police, bears the primary responsibility for preventing and stopping violence in the province and for ensuring security of the population and the international personnel.		5839
C390 China	The Chinese Government is gravely concerned over the unilateral declaration of independence by Kosovo on 17 February 2008. As we speak, the whole international community is closely watching the reaction of the United Nations. China supports the proposal by Serbia and Russia to convene an emergency meeting of the Security Council and hopes that members will engage in serious discussion and respond in a responsible manner.		5839
C410 Russia	In people's hearts and minds, Crimea has always been an inseparable part of Russia. This firm conviction is based on truth and justice and was passed from generation to generation, over time, under any circumstances, despite all the dramatic changes our country went through during the entire 20th century.		Rede Putin 2014
C415 Russia	I understand why Ukrainian people wanted change. They have had enough of the authorities in power during the years of Ukraine's independence. Presidents, prime ministers and parliamentarians changed, but their attitude to the country and its people remained the same. They milked the country, fought among themselves for power, assets and cash flows and did not care much about the ordinary people. They did not wonder why it was that millions of Ukrainian citizens saw no prospects at home and went to other countries to work as day labourers. I would like to stress this: it was not some Silicon Valley they fled to, but to become day labourers. Last year alone almost 3 million people found such jobs in Russia. According to some sources, in 2013 their earnings in Russia totalled over $20 billion, which is about 12% of Ukraine's GDP. I would like to reiterate that I understand those who came out on Maidan with peaceful slogans against corruption, inefficient state management and poverty. The right to peaceful protest, democratic procedures and elections exist for the sole purpose of replacing the authorities that do not satisfy the people. However, those who stood behind the latest events in Ukraine had a different agenda: they were preparing yet another		Rede Putin 2014

	government takeover; they wanted to seize power and would stop short of nothing. They resorted to terror, murder and riots. Nationalists, neo-Nazis, Russophobes and anti-Semites executed this coup. They continue to set the tone in Ukraine to this day. The new so-called authorities began by introducing a draft law to revise the language policy, which was a direct infringement on the rights of ethnic minorities. However, they were immediately 'disciplined' by the foreign sponsors of these so-called politicians. One has to admit that the mentors of these current authorities are smart and know well what such attempts to build a purely Ukrainian state may lead to. The draft law was set aside, but clearly reserved for the future. Hardly any mention is made of this attempt now, probably on the presumption that people have a short memory. Nevertheless, we can all clearly see the intentions of these ideological heirs of Bandera, Hitler's accomplice during World War II.		
C416 Russia	It is also obvious that there is no legitimate executive authority in Ukraine now, nobody to talk to. Many government agencies have been taken over by the impostors, but they do not have any control in the country, while they themselves – and I would like to stress this – are often controlled by radicals. In some cases, you need a special permit from the militants on Maidan to meet with certain ministers of the current government. This is not a joke – this is reality.	Doppelte Begründung: (1) Ukraine kommt der Pflicht nicht nach, russische Minderheiten zu schützen, und (2) es gibt auch keine legitime Autorität, mit der man hätte sprechen können. (…)	Rede Putin 2014
C419 Russia	I do not like to resort to quotes, but in this case, I cannot help it. Here is a quote from another official document: the Written Statement of the United States America of April 17, 2009, submitted to the same UN International Court in connection with the hearings on Kosovo. Again, I quote: "Declarations of independence may, and often do, violate domestic legislation. However, this does not make them violations of international law." End of quote. They wrote this, disseminated it all over the world, had everyone agree and now they are outraged. Over what? The actions of Crimean people completely fit in with these instructions, as it were. For some reason, things that Kosovo Albanians (and we have full respect for them) were permitted to do, Russians, Ukrainians and Crimean Tatars in Crimea are not allowed. Again, one wonders why.	Die Sequenz bezieht sich auf eine schriftliche Stellungnahme der USA vor dem ICJ, dem 2008 in der Resolution 63/3 der UN-Generalversammlung die Frage zugewiesen wurde, ob die einseitige Unabhängigkeitserklärung des Kosovos mit internationalem Recht vereinbar sei. Dazu hatten 36 Mitgliedsstaaten ein Statement abgegeben, darunter neben der USA auch Russland und die anderen permanenten Sicherheitsmitglieder. (…) Hier wird sich zunächst nur auf ein Zitat fokussiert, indem die Rechtsauffassung zum Ausdruck gelangen scheint, eine Verletzung nationalen Rechts durch die nicht-explizite Zustimmung der Zentralregierung stelle nicht zwingend eine Verletzung internationalen Rechts dar. Daraus wird hier analog zur Krim die rhetorische Frage gestellt, warum ein solcher Maßstab für den Kosovo, nicht aber auch für die Krim gelten solle. (…)	Rede Putin 2014
C433	In conclusion, let me reiterate my Government's continued support for	In dieser Sequenz drückt sich die Überzeugung aus, den „Menschen	7185

United States	the aspirations of the people of Ukraine to a prosperous, sovereign, independent, and united Ukraine, including the Crimea region, with strong ties to both East and West. We remain committed to working with Ukraine and other partners in order to seek de-escalation and a peaceful resolution of the conflict and to respect the territorial integrity of Ukraine.	der Ukraine“ als zentrale Rechtssubjektträger zu verstehen, ‚dessen‘ Souveränität dann auch durch russische Handlungen bedroht sei.	
C444 Lithuania	The reports of the OSCE monitoring mission have affirmed the facts with regard to the movement of armed individuals across the Russian border into Ukraine and back. Instead of closing its borders to such illegal movements of mercenaries and weapons, Russia continues to carry out war games at Ukraine's eastern border.		7239
C445 Russia	The Security Council did not request the report of the Office of the High Commissioner for Human Rights and therefore should not be discussing it, especially since the report is interesting merely as an example of elegant political rhetoric, where facts and conclusions are painstakingly shaped to fit a particular political requirement. In reading the report, what jumps out is the absence of what would seem to be the first thing one would expect of United Nations human rights defenders, namely, a call on the sides to cease all military activity, as if the right to life were not the principal right of any human being. The report gave no space to a condemnation of the instances of use by the Ukrainian security forces, in populated areas, of artillery, multiple-launch rocket systems and phosphorus shells, which are prohibited by international conventions. Is there even any passing reference to the promise made by Ukraine not to bomb the Donetsk and Luhansk regions and to ensure their security? Nothing is being said regarding the flowery promise made by President Poroshenko to the inhabitants of the Donetsk and Luhansk regions on this very topic; there is no reference to this treacherous breach of promises.	Die Sequenz verstärkt die Lesart der russischen Argumentation der vergangenen Sitzungen, human rights seien grundsätzlich keine Begründungen, die dazu geeignet seien, Souveränitätsdurchbrechungen zu rechtfertigen, weil sie zu subjektiv und instrumentalisierbar seien. (…)	7239
C450 United Kingdom	This Sunday's parliamentary elections mark Ukraine's commitment to democracy. They must be allowed to go ahead without external influence. The Ukrainian authorities are taking steps to ensure that as many Ukrainian citizens as possible can exercise their right to vote, including by putting in place arrangements for people displaced from their homes by the instability in the east and those from the illegally annexed territory of Crimea. Our expectation is that Russia, as a permanent member of the		7287

	Security Council and as a party to the Minsk agreements, will work to restore peace and security in Ukraine by respecting the outcome of the elections and by supporting the forthcoming local elections held under Ukrainian law.		
C453 United States	While Ukraine seeks to build a peaceful, stable and secure future, Russia continues to occupy Ukraine. Following its attempted annexation of Crimea, Russia's representative pledged that the Council "has no need to worry about the fate of the Crimean Tatars" (S/PV.7157, p. 21). Yet we see report after report documenting abuses, including detentions, expulsions, restrictions of movement and the curtailment of the freedoms of expression, peaceful assembly, association and religion or belief. The Russian occupation of Crimea must end, and until it does the Russian occupying authorities must cease their harassment of religious and ethnic minorities and allow international human rights monitors and monitors from the OSCE full access to Crimea. In Crimea, we have seen how a group of separatists who seized power on the pretext of protecting one minority have become the cruel oppressors of another.	(…) Interessant ist einerseits der starke Fokus auf die Menschenrechts-Lage. Zweitens aber vor allem, dass hier nun davon die Rede ist, Russland eine Souveränitätsverletzung vermittelt über die Separatisten zuzurechnen. Zuvor war eher der Versuch zu beobachten, Russland direkt dafür verantwortlich zu machen. Jetzt wird die Zurechnung vereinfacht indem bereits auf Unterlassungshandlungen abgestellt wird und damit Russlands Handlungen, egal, ob sie nun teilweise abgestritten oder verschleiert werden, bereits als völkerrechtlich relevante Souveränitätsverletzung benannt werden können. (…)	7287
C466 Ukraine	Unfortunately, what we are now seeing is the continuation of a military build-up by Russia along our border and in north Crimea. The illegal militant groups have been able to strengthen their military capabilities and are now threatening to seize other cities of Ukraine by further offensive military actions. In making those calls, we are simply urging Russia and its pro-Russian separatist allies to live up to the agreements they freely entered into. In particular, we warn them to refrain from any provocations aimed at disrupting the coming elections.		7287
C467 Lithuania	Both Russia and the Russian-sponsored illegal militants persist in interpreting the ceasefire in their own twisted way: Ukraine must cease while the militants can continue to fire. I believe that no one in this Chamber has any doubt that a country under attack would do its utmost to protect itself. In the face of aggression, it is the inherent right of each and every State to defend its land and its people. That is exactly what Ukraine is doing – defending itself in the face of the ongoing attacks against its unity, sovereignty, and territorial integrity. Time and again in recent months, its leadership has sought to salvage the ceasefire with new proposals, new deadlines and new periods of silence. The militants,	(…) Auch hier ist es die mittelbare Zurechnung, die für eine völkerrechtliche Benennung einer Souveränitätsverletzung ausreichend sei. Denn hier ist es bereits das Handeln der Separatisten, das Russland selbst zugerechnet wird. (…)	7365

	however, have benefited from Ukraine's restraint by regrouping, re-arming and grabbing more land. Since the start of the ceasefire, the militants have captured an extra 550 square kilometres of Ukrainian territory between Donetsk and Mariupol and, according to their commanders, have no intention of stopping.		
C494 Russia/China	1. The Russian Federation and the People's Republic of China reiterate their full commitment to the principles of international law as they are reflected in the United Nations Charter, the 1970 Declaration on Principles of International Law concerning Friendly Relations and Cooperation among States in accordance with the Charter of the United Nations. They are also guided by the principles enshrined in the Five Principles of Peaceful Coexistence. The principles of international law are the cornerstone for just and equitable international relations featuring win-win cooperation, creating a community of shared future for mankind, and establishing common space of equal and indivisible security and economic cooperation.	Die Sequenz ist Teil des ersten Punktes der gemeinsamen Deklaration Chinas und Russlands „on the Promotion of international Law". Es kommt die grundlegende Überzeugung zum Ausdruck, internationales Recht stelle den Grundstein der internationalen Beziehungen dar, auf dessen Grundlage eine internationale Kooperation erst möglich sei. (…) Darin wird dem internationalen Recht - und zunächst zu spezifizieren was darunter genau verstanden wird - zunächst eine existenzielle Bedeutung zuerkannt. (…)	Declaration 2016
C495 Russia/China	2. The Russian Federation and the People's Republic of China share the view that the principle of sovereign equality is crucial for the stability of international relations. States enjoy their rights on the basis of independence and on an equal footing, and assume their obligations and responsibilities on the basis of mutual respect. States have the right to participate in the making of, interpreting and applying international law on an equal footing, and have the obligation to comply with international law in good faith and in a coherent and consistent manner.	Die Sequenz umfasst den 2. Punkt der Declaration. Darin wird konkretisiert, welche Vorstellungen Russland und China vom internationalen Recht haben. Dass gleich im zweiten Punkt das „priciple of sovereign equality" angesprochen wird, das „crucical for the stability of international relations" sei, lässt die Lesart zu, darin zugleich das elementarste Prinzip zu verstehen. Das Souveränitätsprinzip wird hier wesentlich als eine Beziehungszuweisung zwischen Staaten konstruiert; Staaten genießen danach einerseits das Recht auf Unabhängigkeit und einer Gleichheit; andererseits kommt ihnen die Verpflichtung des gegenseitigen Respekts zu. In dieser Konstruktion wird Souveränität als Mittel dafür verwendet, Gleichheit und Unabhängigkeit in den IB zu ermöglichen. Die Striktheit dessen drückt sich insbesondere in dem zweiten Teil aus, indem die	Declaration 2016

		Staatenverpflichtung eine negative Wiederholung des Staatenrechts darstellt, d.h. gegenseitigen Respekt zu verantworten. Damit konzentrieren sich beide Aspekte darauf, die Souveränität des einzelnen Staates zu schützen, die sich dann auch auf „gegenseitigen Respekt“ reduziert. Der zweite Teil des zweiten Punktes spricht das „Recht zur gleichen Teilnahme an der Gestaltung, Interpretation und Anwendung des internationalen Rechts“ aus: Diese Partizipation an der Gestaltung des Völkerrechts stehe explizit allen Staaten zu. Mit Rückgriff auf den immer wieder wiederholten Vorwurf Russlands und Chinas, der Westen instrumentalisiere das Recht zur Durchsetzung ihrer Interessen, ließe sich diese Sequenz durchaus auf eine Reaktion eben darauf verstehen, was insbesondere durch den letzten Halbsatz gestärkt wird, den Staaten komme die Obligenheit zu, mit internationalem Recht auf der Basis des guten Willens und in Kohärenter und Konsistenten Weise übereinzustimmen: Genau das ist insbesondere von Russland wiederholt geäußert worden.	
C496 Russia/China	3. The Russian Federation and the People's Republic of China reaffirm the principle that States shall refrain from the threat or use of force in violation of the United Nations Charter and therefore condemn unilateral military interventions.	Die Sequenz betont, Konfliktlösungsmechanismen solle primär über solche Wege erfolgen, denen die Staaten zuvor zugestimmt haben. Die Sequenz wird hier als in Bezug auf den Territorialkonflikt im Südchinesischen Meer interpretiert, indem China insbesondere den Philippinen vorwirft, sich zu bilateralen Konfliktlösungen verpflichtet zu haben und der Gang zum Permanent Court of Arbitration, dessen Entscheidung über die Zulässigkeit der von China vorgebrachten Rechtfertigungsgründe um historisch begründeter Territorialansprüche wenige Tage nach der Veröffentlichung dieser Declaration erwartet wurde. Gleichwohl drückt sich (auch) hier die grundlegende Überzeugung aus, internationale Konflikte durchaus in einem primären bilateralen Konfliktlösungskontext zu sehen und auf	Declaration 2016

		internationale Arenen nur ausnahmsweise zurückzugreifen. Eine Konfliktlösung „among disputing parties" wird einer internationalen Einbettung vorgezogen und ist darin auch immanenter Ausdruck staatlicher Souveränität und der zuvor betonten Nicht-Einmischung in interne und externe Angelegenheiten.	
C497 Russia/China	4. The Russian Federation and the People's Republic of China fully support the principle of non-intervention in the internal or external affairs of States, and condemn as a violation of this principle any interference by States in the internal affairs of other States with the aim of forging change of legitimate governments. The Russian Federation and the People's Republic of China condemn extraterritorial application of national law by States not in conformity with international law as another example of violation of the principle of non-intervention in the internal affairs of States.	In der Sequenz wird das Prinzip der „Non-Intervention" angesprochen. Aus der Stellung, neben den vorherigen Absatz, der sich explizit auf militärische Interventionen bezog, sowie aus der Formulierung „in the internal or external affairs" und „any interference in internal affairs" wird deutlich, dass ein Interventionsverbot zu einer militärischen Souveränitätsverletzung noch vorgelagert ist. Davon umfasst sind also weitere Handlungen auch nicht-militärischer Art. Was solche Handlungen ausmachen wird in zwei Punkten verdeutlicht: Erstens, ist sowohl die „internal or external affairs" umfasst. Das impliziert, dass auch nicht-aggressive Handlungen eine solche Intervention darstellen können. Das wird umso deutlicher, weil auch das Eingreifen in die „external affairs" als eine solche Intervention verstanden wird: darin drückt sich dann auch aus, internationales Recht nicht multilateral zu verstehen, sondern auch (und sogar) externe Beziehungen als grundsätzlich nicht internationale Angelegenheit zu verstehen. Das legt die Lesart nahe, Souveränität als Abwehrrecht zu verstehen, was besonders weitreichend alle Bereiche der internationalen Beziehungen umfasst. Zweitens, wird dann im zweiten Halbsatz desselben Satzes konkretisiert, es sei eine Intervention umfasst, „with the aim of forging change of legitimate governments". Damit wird der Souveränitätsbegriff besonders strikt bzw. umfassend verstanden, weil bereits solche Handlungen mit umfasst sind, die darauf gerichtet	Declaration 2016

		sind, einen Regierungswechsel einzuleiten. Durchaus lässt sich dieser Punkt als Reaktion auf den Ukrainekonflikt verstehen, indem Russland ein solches Narrativ verstärkt verwendet. Als dritte Einmischung sei dann nicht nur eine militärische und politische, sondern auch rechtliche Intervention zu verstehen: Die außerterritoriale Anwendung nationalen Rechts sei eine Verletzung des internationalen Rechts, was wesentlich, wie oben klar wurde, durch die staatliche Souveränität geprägt ist. Die Satzverwendung „extraterritoriale application of national Law“ wird hier dahingehend interpretiert, in engem Zusammenhang mit der zuvor im selben Absatz geäußerten politischen Intervention, der Transfer unterschiedlicher Rechtsmodelle- und Verständnisse auch als Grundlage dafür zu nehmen, über „interne Angelegenheiten“ anderer Staaten zu urteilen. Das liegt deswegen nahe, weil ansonsten die Auflistung dieses Punktes widersprüchlich in der bisherigen zum Ausdruck gelangenden Überzeugungen stehen würde.	
C499 Russia/China	(…) This applies equally to all types and stages of dispute settlement, including political and diplomatic means when they serve a pre-requisite to the use of other mechanisms of dispute settlement. It is crucial for the maintenance of international legal order that all dispute settlement means and mechanisms are based on consent and used in good faith and in the spirit of cooperation, and their purposes shall not be undermined by abusive practices.	Als zweiter Teil des 5. Punktes wird darin konkret insbesondere („this applies“) die Gleichwertigkeit („equally“) aller Typen und Arenen der Konfliktlösung betont: Es sei sogar für die „international legal order“ zentral, Entscheidungen Konsensbasiert zu lösen – was mit dem Primat der Souveränität dann durchaus kohärent zusammenpasst -- und dafür auch bilaterale, d.h diplomatische und politische Wege zu bevorzugen seien. Darin kommt die fundamentale Überzeugung aus, der Souveränitätsnorm eine solche priorisierte Stellung einzuräumen, dass auch das „Rule of Law“ dann zurückgestellt wird, wenn eine bilaterale Lösung erfolgt. Nicht das Recht entscheidend von sich aus über die Lösung von Konflikten, sondern steht grundsätzlich ebenfalls hinter der Priorität staatlicher Souveränität zurück. Das drückt sich dann auch in einem geradezu	Declaration 2016

		misstrauischen Verhältnis zum Recht aus, nachdem solche bilateralen Lösungen nicht durch „missbräuchliche Praktiken“ – worunter hier nur ein Rule of Law i.S. einer Konfliktentscheidung auf Grundlage des Rechts alleine gemeint sein kann – „unterminiert“ werden solle.	
C500 Russia/China	6. The Russian Federation and the People's Republic of China share the view that good faith implementation of generally recognized principles and rules of international law excludes the practice of double standards or imposition by some States of their will on other States, and consider that imposition of unilateral coercive measures not based on international law, also known as «unilateral sanctions», is an example of such practice. The adoption of unilateral coercive measures by States in addition to measures adopted by the United Nations Security Council can defeat the objects and purposes of measures imposed by the Security Council, and undermine their integrity and effectiveness.	In der Sequenz wird sich auf „Doppelstandards“ berufen, die auch in den Sicherheitsratsprotokollen angeprangert werden. Hier wird sodann auch konkretisiert, was darunter verstanden wird, nämlich eine Völkerrechtsinterpretation außerhalb des Sicherheitsrates und daraus folgende unilaterale Sanktionen. Darin wird ein Aufzwingend eines fremden Willens wahrgenommen, die einer Souveränität und Gleichheit widersprechen. Darin drückt sich die Überzeugung aus, internationales Recht insgesamt und besonders im Kontext der starken Stellung der Souveränität als den Staaten dienend zu verstehen, gerade nicht zwischenstaatlich in dem Sinne, dass Normen dazu geeignet wären, eine staatliche Souveränität einzuengen.	Declaration 2016
C501 Russia/China	8. The Russian Federation and the People's Republic of China assert that international obligations regarding immunity of States, their property and officials must be honored by States at all times. Violations of these obligations are not in conformity with the principle of sovereign equality of States and may contribute to the escalation of tensions.		Declaration 2016
C508 Russia	In her statement, Ambassador Haley touched on the issue of Crimea. In that connection, I would like to remind her that it was the United States Constitution that proclaimed those marvellous, historic words “We the people”. The people of Crimea clearly expressed their will in a referendum in which 93 per cent of the population voted for reunification with Russia.	Die Sequenz ist deswegen hoch interessant, weil der Satz „We the People“ der Vereinigten Staaten unmittelbar auf die Krim angewendet wird. Hier wird „the people“ als Rechtssubjektträger formuliert, denen dann auch das Recht zur eigenen Bestimmung zustehe.	7876
C523 United Kingdom	The United Kingdom welcomes this opportunity to discuss the repeated violations of Ukraine's sovereignty and territorial integrity at the hands of Russia. Russia's aggression towards Ukraine is not limited to the Donbas and Crimea. Russia seeks to undercut Ukraine at every opportunity, undermining the ceasefire, supplying the Russian-backed separatists with weapons and calling illegitimate elections – all in breach of the Minsk agreements.		8461

FSC
www.fsc.org
MIX
Papier | Fördert gute Waldnutzung
FSC® C083411

Kolibri 360 GmbH
Ferdinand-Jühlke-Straße 7
99095 Erfurt, Deutschland
produktsicherheit@kolibri360.de